はじめに

堀江貴文さんが収監《しゅうかん》され、この社会から2年半近く隔絶されることは、**日本にとって大きな損失だ**、と私は思う。

私が堀江さんを知ったのは、彼がプロ野球球団を買収しようとしたときである。若者たちの生きる方向を鮮やかに指し示す彼は、若い世代のまさに英雄だった。東大在学中からＩＴやインターネットの世界に果敢に挑み、買収したライブドアを中核として次々に成功を収め、巨額の資金を動かす姿は、若者たちの憧れの的だった。

しかし、彼は結局、プロ野球球団を買収することはできなかった。ソフトバンクの孫正義氏、楽天の三木谷浩史氏が成功したにもかかわらず、である。

堀江貴文という人物の評判が一変して悪くなったのは、彼がフジテレビを買収しようとした瞬間からだ。既存のマスコミは、テレビ、新聞、雑誌を問わず、すべてフジテレビの味方となって堀江貴文を恐怖し、攻撃した。

彼は結局、フジテレビ買収にも失敗した。そして、なんと検察に摘発されてしまった。

堀江さんが、この国の年寄りたちから蛇蝎《だかつ》のごとく嫌われ、恐れられた理由は、**年寄りたちにゴマをすらなかった**こと、**年寄り支配を打破して若者中心の時代をつくろうとした**こと、そして、**スーツを着用せずネクタイも締めなかった**ことである。

検察が彼を有罪と断定した根拠は、本書で堀江さんが詳細に語っているように、きわめてあやふやなものだった。端的に言えば、彼のやったことは、犯罪とは到底言えない。

容疑をかけられた事案に、彼は直接的には、まったく関与していない。会議で話したり報告を受けていたなど、100パーセント知らなかったわけではないから、経営者としての責任は免れないとしても、悪事に手を染めてはいないのだ。

ライブドア以外の大企業の粉飾決算事件で経営者に下されたのは、いずれも執行猶予付きの判決であって、堀江イジメだけが明らかに度を越している。

つまり検察というのは、世の中の爺《じじい》たちの味方であり、爺たちだけの正義をもたらす存在なのだ。裁判所も同じだ。要するに、堀江貴文のような若い世代に取って代わられることを恐れた爺世代が、彼を徹底的に叩き潰したのである。

彼が潰されて、**日本のベンチャー企業は勢いを完全に失ってしまった。**堀江さんがヒーローだった頃、東京大学、一橋大学、京都大学、慶応大学、早稲田大学をはじめさまざまな日本の大学の多くの学生たちが、第二、第三の堀江貴文になることを目指していた。ある意味で**〝失われた20年〟を招いたのは、爺世代たちが堀江潰しに狂奔《きょうほん》していたからだ**とすら言えるだろう。

繰り返し言う。堀江貴文が収監されたことは、日本にとって大きな損失なのだ。

その堀江さんが収監直前、つまり娑婆《しゃば》にいるときの最後の対談に応じてくれた。読者の皆さんには、**彼の最後の言い分を正面から受け止め、日本社会のあり方についてよく考えてほしい**と願っている。

彼は刑務所内で、さらには社会に復帰してからやりたいことを熱く語り、「行ってきます」と、私の前から姿を消した。この男を刑務所に送り込んで安堵《あんど》している爺たちとは違い、堀江貴文さんを今後も応援していきたい、と私は思っている。

本書をまとめるに際しては、アスコムの高橋克佳、小林英史、ジャーナリストの坂本衛の諸氏の同志的な協力を得た。感謝して筆をおく。

２０１１年7月

田原総一朗

ホリエモンの最後《とりあえず》の言葉——もくじ

第3章

なぜ、僕はフジテレビを買収しようとしたのか

第4章 本当は僕が最初にスマートフォンを作っていた

第5章 ある日突然、東京地検特捜部がやってきた！

第6章
ロケット開発、映画監督……2年後にやりたいことがいっぱいある

第7章 僕はノマドになりたい

第1章

それでも僕はネクタイを締めない！

負け犬の遠吠えをするつもりはない

田原　最高裁判所は２０１１年4月26日、ライブドア事件の裁判で堀江さんが求めていた上告を棄却しました。これで、堀江さんを懲役《ちょうえき》2年6カ月の実刑とした第一審・第二審の判決が確定し、堀江さんは収監されることになった。平たく言えば、**2年半近く刑務所に入らなければならない**と、最終的に決まったわけです。まず、上告棄却という決定を聞いたときの実感を聞かせてください。

堀江　聞いたのは起き抜けだったので全然、実感がわかなかった。「ああ、棄却されたんだ。とりあえずツイッター書かなきゃ」と思って、書いたくらいですね。何て書こうかなと思ったんですけど、ごくシンプルに、「今日の予定、何だっけ」みたいな感じで書いた。その日、麻布十番のカフェでモデルについてしゃべるテレビみたいな仕事が入っていたので「これ、できねえだろうな」とか、「ああ、今日は取材たくさん来るんだろうな」とか思いながら、「どうしようかなあ」という感じでしたね。

田原　その後、フリー記者たちの協会で記者会見を開いた。これは？

堀江　取材の申し込みがたくさん来たりとか、うちのマンションの前にカメラがいっぱい並んだとか、いろいろあって、「これは記者会見をやらないとまずいな」と思った。でも自分で仕切るわけにもいかないし、場所を借りることもできないし、どうしようかなと思っていた。「記者クラブでやるのも嫌だな」とか、けっこう考えた。そうしたらジャーナリストの上杉隆さんが「自由報道協会で用意しますよ」とツイッターで言ってくれたので、ああ、じゃあ、乗っかろうと思ったんです。

田原　ずいぶん大勢の記者たちが集まったね。何人くらい?

堀江　さあ、200人とか。テレビカメラや中継車は全局来ていたようでしたね。

田原　堀江さん、会見で何をいちばん言いたかったの?

堀江　言いたかったことがあったわけではなくて、**この状況をとにかく抑えなきゃ**と思った。僕自身が言えることとっていうのは、僕はもう普段からずっと言っているわけです。**いまさら判決に関してどうのこうの言ったところで、単に負け犬の遠吠え**ですから、別に言うつもりはなかった。まあ、こういう決定が出たので、こういう国なんだなと思って、それに対して粛々《しゅくしゅく》と対応するというか、そのときの素直な気持ちを述べた。皆さんが聞きたいであろうことを言っていた、という感じですかね。

まわりと同じことをしなかったから、廊下に立たされた

田原　ライブドア裁判の経緯を振り返っておきます。堀江さんは2006（平成18）年1月23日、東京地検特捜部によって逮捕された。証券取引法（現・金融商品取引法）違反、つまり有価証券報告書の虚偽記載、偽計《ぎけい》・風説《ふうせつ》の流布《るふ》という容疑です。当然ながら堀江さんは、同じ年の秋に東京地裁で始まった裁判以来、容疑を一貫して否認し、無罪を主張し続けた。

　第一審の結果が出たのは07年3月で、求刑懲役4年に対して判決が懲役2年6カ月。もちろん堀江さんは直ちに東京高裁に控訴《こうそ》しましたが、08年7月に出た第二審の結果は控訴棄却。それで最高裁に上告したけれども、冒頭で言ったように上告棄却となった。裁判は3回受けられることになっているんだけど、要するにちゃんとやったのは東京地裁の第一審だけで、二度目と三度目は「前の判決でいいんだ」という判断です。

　僕は、堀江さんの懲役2年6カ月は**「冤罪《えんざい》」**だと思っている。つまり無実の罪で、濡《ぬ》れ衣《ぎぬ》だと思っているけど、堀江さんも当然、冤罪だと思っているでしょう。冤罪だと確信し

ているわけだよね?

堀江　はい、そうですね。

田原　記者会見でそのことを、改めて言うつもりはなかった?

堀江　僕の場合は、殺人とかそういう刑法犯とは違うので、冤罪というよりは、なんかちょっと不思議な感覚があって。僕からしてみれば、**まわりと同じことをしなかったから、廊下に立たされている**みたいな。今日もちょっとツイッターで言ったんですけど、運動会の行進でちゃんと整列せず、「きをつけ!」という号令のとき「きをつけをしなかった」とかで、先生に立たされたりするじゃないですか。それにけっこう感覚が近い。

田原　堀江さんは、どこが普通の人と違ったんだろう?

堀江　普通の人というのは、たとえば大学を卒業するとき就職活動をして、スーツを着て毎日会社に通って、社内でコツコツと出世していく。あるいは公務員になってコツコツ出世して定年まで勤めて、老後は悠々自適《ゆうゆうじてき》の生活を送る。あと、家庭をつくって、子どもをつくる。**そういうものから僕は、完全に逸脱している**じゃないですか。そういう生き方は気に入らない、くだらないと、僕は自分で言っていたわけです。

若いうちに金持ちにならないと意味がない

田原 しかも、堀江さんは若くしてカネを手にしちゃった。

堀江 要は六十何歳とかで会社の社長になって、体の自由もどんどんきかなくなるし、うまいものもそんなに食えなくなるし、酒もそんなに飲めなくなる。女の子にもモテなくなる。どんどんそうなっていくわけじゃないですか。そういう状況でお金持ちになっても、権力を握ってもしょうがないでしょと。だったら若いうちに頑張って、**若いうちにそうならないと意味ない**んじゃないのか、と言っていたもんですから。実際、それを僕は実践してたわけじゃないですか。

田原 実践して、大金持ちになっちゃった。

堀江 そう。実践できちゃったから、**そろそろ足をひっぱらねえとまずい**だろう、と。

田原 検察が、あんな自由奔放《ほんぽう》にやっているやつを、許すわけにはいかない。

堀江 普通は空気を読んで、あまり派手にはやらないわけです。ある人が言っていたんですけど、たとえば会社の社長になったら、競走馬を持ったりフェラーリを買ったり女優と

堀江　六十何歳で社長になっても、体の自由もきかなくなるし、うまいものも食えなくなる、酒も飲めなくなる。女の子にもモテなくなる。そういう状況でお金持ちになってもしょうがない。だったら若いうちにならないと意味ないんじゃないのか。実際、それを僕は実践してたわけです。

田原　そうしたら検察が、あんな自由奔放にやっているやつを、許すわけにはいかないとなった。

堀江　普通は空気を読んで、あまり派手にやらない。当然、自粛するだろうと思っていたら、堀江っていうやつは自粛しなかった。もうどうしようもねえ。あいつは全部タブーを破りやがったとなった。

付き合ったりしちゃダメだと。そう言って、実際に自制している人っているんですね。だいたいみんなそうやって自制して、要は自主規制、自粛をしている。

田原 なんでもかんでも自粛自粛っていう世の中だからね。

堀江 だから当然、自粛するだろうと思っていたら、**堀江っていうやつは自粛しなかった。馬も買ってフェラーリも買って女優と付き合って、もうどうしようもねえ。あいつは全部タブーを破りやがった**と。要は、日本人の同質性というか、同調圧力（ピアプレッシャー。地位や年齢や能力などが同じ仲間からの「同じ方向に行け」という圧力）というやつです。常識とか空気とか道徳とか、もう何百年間もずっと変わらないものが、あるわけです。普通はその村の掟《おきて》、暗黙の掟に対して従うものであると。

田原 村の掟、世間のルール。

堀江 先日、僕の先生の船曳《ふなびき》建夫さんという東大の教授（文化人類学）が送別会をやってくれて、そういう話をしたんです。日本のルールというのは明文化されていないんだ。なぜ明文化されていないかというと、みんな同じカテゴリーに属する同じ民族だと思っているから。もちろん天皇家から武士から商人から、それぞれの位《くらい》はあるんだけど、みんな同じ日本人だと思っているから、ルールを明文化しなくていい。明文化しなくても、みんながが暗黙のうちに守るんだと。

田原　暗黙のルールね。

堀江　その暗黙のルールを、みんなが自粛したり我慢したりして守っていくことができると思っているし、実際できていた。村の掟に従わない者は、村八分《むらはちぶ》でリンチを受けたりして、ずっとやってきたわけですよ。だから**日本には明文法ができなかった**と。明治維新で欧米からルールを導入するまで、自然にできなかったわけです。

田原　うん、そうでしょう。江戸時代の末に、古い日本のやり方では征服されてしまうかもしれないと危機感を抱いた。だから明治維新をやり近代国家をつくって、富国強兵・殖産興業で欧米列強に追いつこうとした。そのとき彼らのやり方を学んだ。

堀江　たとえばイギリスも日本と同じ島国なんだけど、対馬海峡を渡るのはドーバー海峡を渡るよりはるかに難しい。だから征服されにくかった。気象条件とか、まわりを囲んでいる海が障壁になって、日本はアメリカ軍にやられるまで一回も征服されたことがなかったわけです。だから明文化されたルールを作らなかった。

イギリスの場合は、ケルト人に征服されローマ人に征服されノルウエーの海賊たちに征服されていまがある。ノルマン人がいたりローマ人がいたりというふうなところで、人種や民族が全部分かれているから、明文化されたルールを作らないとみんなで共有できない。だからコモンセンスからコモンローが生まれ、明文化された法体系が生まれていったと。だけど日本の場合は、明文法が欧米から導入されて、暗黙の了解の上にただのっかっているみたいな状況になっている。実は**この国を支配しているのは明文法ではなくて、暗黙の了解**。これは明文化されていないんだけども、守らなければいけないものである、ということなんじゃないかな。

ライブドア裁判は集団リンチだった

田原 ということは結局、日本全体が一つのムラ社会なんですね。

堀江 ムラ社会だし、一応「法治国家」と言っているんだけど、実は明文化された法律よりも暗黙の了解のほうがはるかに大事なんだ、という状況になっている。

田原 たとえば日本では**「カネを儲けて何が悪い」とは、絶対言っちゃいけないんだ。**

堀江 いけないんです。

田原 「好きな女と寝て何が悪い」とも、言っちゃいけないんだ。

堀江　いけないんですね。いけないということは、同じ日本人ならわかるだろうと。

田原　そんなこと、何でお前はわからないのかと。

堀江　何でお前はわからないんだ、じゃあリンチしてやると。

田原　**ライブドア裁判はリンチだ。**堀江貴文は、よってたかってリンチされた。

堀江　リンチですよ。法律に基づかない。一応、法律に基づく形だけは取るわけですよ、法治国家ですから。何かしらいっぱいさらして、これはちょっと法律に引っかかるんじゃないかと。じゃあ検察と裁判所とで協力して、これは違法にしてやろうというふうに思うわけです。逆に言うと、僕が身に染みてよくわかったことなんですけど、スーツを着てネクタイを締めたりみたいなことをちゃんとやっていると、そういうふうにはならない。それと、テレビ局を買収しようとしなければ、よかったんです。

田原　いつか『朝まで生テレビ!』で「何で堀江さんは近鉄バファローズを買収できなかったんだ。三木谷浩史や孫正義にできて」と言ったら、三宅久之さんという政治評論家が「**ネクタイを締めないからだ**」と言った。

堀江　そうなんだと思います。

田原　何でネクタイくらい締めなかった?　締めりゃいいじゃないか、そんなものは。

堀江　ネクタイが重要だとは思わなかったから、じゃないですかね。

東日本大震災は「第二の敗戦」か？

田原　突然、話題を変えますが、2011年3月11日に東日本大震災が起きた。ツイッターで堀江さんが「これを拡散してください」と広げたのも、ものすごかった。堀江さんは救援というか、ボランティアに行っていましたね。以前僕が責任編集長をしている雑誌『オフレコ！』で対談したとき、そういうのをやっているなら、ちゃんと言ったほうがいいと話したでしょ？

堀江　そうでしたっけ。僕、確かにずっと前からわからないようにやっていますけど。中越地震のときも『クイズ$ミリオネア』で1000万円もらったので、細木数子さんと僕のを持って新潟県庁に行って知事に渡してきましたよ。その模様をわざわざテレビ局が撮ったんだけど、そのあとフジテレビの買収になっちゃったんで放映されなかった。困っている人を助けるのは普通のことだから普通にやっていますけど、結局こういうのは言わないとわからないんだと思って、田原さんのおっしゃるように最近は言っています。

田原　今回の東日本大震災を、堀江さんはどう見ていますか?

堀江　自然災害じゃないですか。**大規模な自然災害。**

田原　だけどね、1995年の阪神・淡路大震災とはかなり違って、地震と津波の規模、被災した地域、犠牲者の数などがケタ違いに大きい。福島第一原発事故をはじめ連鎖的な複合危機も拡大した。僕は「第二の敗戦」だ、と見ているんです。第一の敗戦はアメリカに負けた。今回は大自然に負けた。

堀江　僕は逆に、そこまではないのかな、と思っていますね。**東北自体、経済的にはGDP(国内総生産)比でいうと日本の5~6%しかない**ので、経済的なダメージはそこまで大きくないのかなと。**原発の問題も、僕がいちばん気にしていたのは人びとの恐怖みたいなところだけなので、そこさえクリアしてしまえば意外と大丈夫かな**と。実際、東京電力も計画停電を一時やりましたけど、たぶん夏はやらないでしょう。ということを考えると、まあ大丈夫ではないですか。

田原　僕も避難所に行ったんだけど、東北の人って我慢強いというか、とても静かなんですね。地震から1カ月2カ月とたつのにダンボールの上に座らされて、プライバシーはまったくない。みんな欲求不満でカンカンに怒って、僕らが行ったら怒られるだろうと思ったら、非常に丁寧なんです。「わざわざ来ていただきましてありがとうございます」ってお礼を言われちゃって、どういう顔をしていいかわからない。何だろう、これは？

堀江　東北にいるから、そうなんじゃないですか。つまり、そういう欲求不満を言う人は東京に出てきている。東北にいる人も2種類の人がいると思いますよ。自己主張とかせず自然に我慢できる人と、ものすごく我慢している人がいる。本当は東京に出ていったり自由なことをしたいんだけど、親の手前とか叩き込まれた道徳とかそういったもので、仕方ないけど家を継がなきゃいけないと思い込んでいる方も、いらっしゃると思います。どっちにしても、我慢強いのは同じですよね。

日本人は静かに、等しく、貧しくなっていく

田原　この間、ベトナムに行きました。するとベトナムでは日本大絶賛だというんです。あれだけの大災害に見舞われたのに、暴動も起きなければ混乱もない。東北の人たちは食うものがろくになくプライバシーもない生活を、平気で耐えている。東京でも交通が麻痺《まひ》したのに暴動も起きず、みんな長い行列を作っていっこうに来ない電車やタクシーを待っ

ている。びっくりした、日本はすばらしい国だと言われた。世界中が日本を再評価しているみたいなんです。どう思いますか?

堀江　それは、要はさっきの僕の問題と裏腹なんですよ。つまり、**みんな同じように考えて同じことをやるんだ、みんなと違うことをやるやつは悪いやつだ、と子どものころからずっと叩き込まれてきている。**だから、今回のような災害のときは、確かに暴動とか起きなくてすばらしい。みんな一丸となって、一様に同じ行動がとれる。これは発展するときも、衰退していくときもなんです。

いま日本は経済危機とか財政が悪いとか、少子化だ高齢化だと、いろいろ言われているじゃないですか。だから僕は、たぶん**みんな等しく、貧しくなっていくことを、静かに許容する**と思う。「みんなで一緒に貧しくなろう」みたいになっていく。実は日本ってすごく貧しくなりつつあって、海外に行くとすごくよくわかると思うんです。

田原　ひところ4人家族の典型的なサラリーマン家庭は年収600万円と言われたけど、いまは500万円を切るところまで落ちてきた。非正規雇用が増え、ワーキング・プアという言葉も生まれた。**年収200万円以下で働く人は1100万人もいる。**

堀江　象徴的なのはシンガポールやドバイですよね。行くと「うわあ、日本って貧しいなあ」「衰退してるなあ」と思うわけです。シンガポールに行くたびに新しい施設ができて、みんないきいきと働いているけど、日本に帰ってくるとなんかみんなどんよりしていて、街並みもあまり変わらない。シンガポールとかはすごく豊かになって、日本は停滞しているわけですよ。

ずっと日本にいる人はそれに気づかない。日本はずっと世界第2位の経済大国で、昨年中国に抜かれたらしいけど、むこうは人口が10倍以上だからどうってことなく、相変わらず豊かな国なんだと思い込んでいる。

だけど、実はそんなことはない。デフレがすごく進んで、200円台の弁当とか喜んで食べて、焼き肉屋とかに行って200円台のユッケを食べて、食中毒を起こす。もうおかしいって思います。200円でユッケが食べられるわけないだろ、俺たちにこんなもん食わせるなって怒ればいいのに、怒らない。みんな外食もつつましく、格安チェーン店で食べるのが美徳だと思っている。

田原　東日本大震災で日本中が自粛自粛でしょう。大自粛ムード。

堀江　自粛も同じですよね。**みんなで我慢することが美徳だから我慢しちゃう**んです。だからこれからの日本って、たぶんみんなで貧しくなっていくと思うんです。それでも騒いだりせず、おとなしいままで、昔に戻るんだと。

田原　関西や西日本では、電力が余っているわけだ。関西とか西日本とかは、物をガンガン買って使わなきゃ、日本はどんどん貧しくなる一方です。それなのに先日も岡山に行ったら、桜が咲いているのに夕方になっても電気をつけないんです。電気が余っているのになぜつけないいんだと聞いたら、みんなに悪いと。東北の人たちに申し訳ないと。

堀江　日本人は、みんなで辛いことを共有するのが大好きなんだと思います。我慢するのが好きになっちゃった。

田原　それじゃ、東日本大震災は日本をダメにする大きなきっかけかな?

堀江　いや、ダメにする大きなきっかけというよりは**「ああ、日本人ってそうなんだな」ということを、ハッキリ再認識させた**だけですよね。

日本はネクタイを締めないと生きていけない社会である

田原　堀江さんが、よってたかってリンチされた話に戻るけど、日本はネクタイだけで、ネクタイがすべて。ネクタイをちゃんと締めて、老人たちにゴマをすらないと生きていけないっていう社会。で、ネクタイを締めず自粛もしなかった堀江貴文は、集団リンチのようにマスコミから叩かれ、検察に上げられ、裁判所から懲役2年6カ月の有罪を宣告された。こういう日本社会は、崩れますか?

堀江 まあ、今回が試金石でしょうね。夏の電力不足で「スーパークールビズ」ってのが始まるでしょう(笑)。ジーンズでポロシャツまでOKみたいな。そこでまたなんか、おもしろいなと思っています。**「襟《えり》」って大事なんだな**って(笑)。

僕、ゴルフをやるようになってわかったんです。ゴルフ場って、ポロシャツOKなのにTシャツはダメなんですよ。だから襟ってすごい大事なんです。あと裾《すそ》をインにするっていう、ちゃんとズボンの中にしまわなきゃダメですと。だから、いろいろハードルがあるんですよ。

田原 堀江さんは、わざと丸首のTシャツにしているわけ? 嫌がられるのを承知で。

堀江 いやいや、ほんとにもうイヤなんですよ。嫌いなんですよ。

田原 襟が嫌いなんだ。だから襟付きのシャツに、ネクタイを締めるのがキライなんだ。

堀江 襟はまだいいんですけど、ネクタイがけっこうきついんですよ。

田原 何できついの?

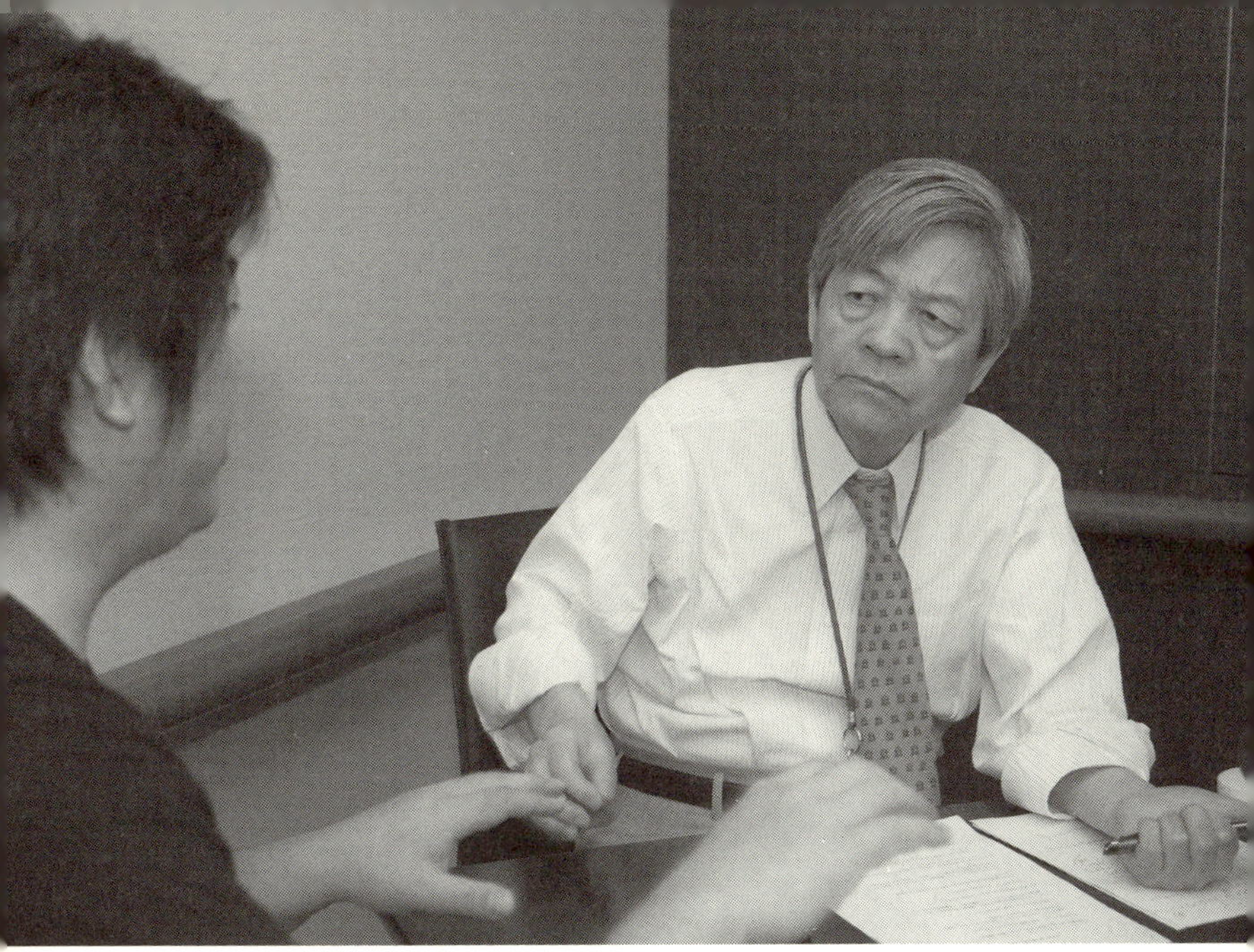

田原
日本はネクタイがすべて。
ネクタイをちゃんと締めて、
老人たちにゴマをすらないと生きていけない。
で、ネクタイを締めず自粛もしなかった堀江貴文は、
集団リンチのようにマスコミから叩かれ、
検察に上げられ、
裁判所から懲役2年6カ月の有罪を宣告された。

堀江
そういう何重もの生地でできた
妙なヒモを巻いてクビからぶら下げて、
暑くてもみんなで我慢するのが、
この国では大事なことで美徳なんです。
それは日本におけるコモンセンスなんですよ。

堀江　首が太いからじゃないかな（笑）。暑いんですよ、明らかに。クビのところで生地《きじ》が何重にもなってるもん。

田原　たしかに暑い。

堀江　そういう**何重もの生地でできた妙なヒモを巻いてクビからぶら下げて、暑くてもみんなで我慢するのが、この国では大事なこと**で美徳なんです。それは日本におけるコモンセンスなんですよ。で、明文化されないからコモンローにならないんです。

第2章

僕はインターネットと出会って変わった

小学校のときから異端児だった

田原　黙って辛いことを我慢しているから日本人はダメなんだ。使い放題使おうじゃないか、カネ儲けをしていいんだと言っている堀江さんが、いま刑務所に入ってしまうというのは、日本にとって大損失だ。

堀江　だからそれは、やっぱりあいつは異端児だ、小学校で一人だけ豪華な弁当を食べていやがる、みたいなもんですよ。それは **「おまえ、おかしいだろう」と言われてつまはじきにされる**。僕はずっと小学校でそうだったし、まあ、そういうことなんですよ。それが1500年間ずっと続いてきた日本の伝統であり文化なんです。

田原　やっぱり小学校のときから異端児で、東大もなぜか文学部に行く。法学部に行けばいいのに。あるいは堀江さんは科学が好きだから、本当は理学部や工学部に行くべきだったのに。何でそう、わざわざ損なところに行くんですか？

堀江　僕は田舎の高校で、東京に出たかったんですけど、家がそんなに裕福じゃなかったので、国立に行かなきゃいけない。すると、東京にあって東京を象徴する国立大学って、東大ぐらいだと思っていたんですよ。あとは東京のようで東京じゃない。正直言って申し訳ないですけど、やはり23区内でないと、行きたいとも思わなかった。だから東大に行きたくて勉強を始めたんですけど、始めるのが遅くて文系しか間に合わないなと思った。

田原　勉強が進んでいれば、やっぱり経済学部とか法学部とか？

堀江　いや、経済とか法学部は、まったく興味なくて。

田原　何で興味ない？

堀江　何で興味ないと言われても困るんですけど。まったくなかった。

田原　逆に言うと、何で文学部に興味があったの？

堀江　文学部じゃないですよ、文Ⅲというところ。文科Ⅲ類でもⅡ類でもⅠ類でもいいんですけど、文Ⅲがいちばん受かりやすかった。東大であればどこだってよかったので、文Ⅲに入った。というのは、「理転」といって理系に行く道があるんです。だから、勉強して成績をよくして途中で理系にコース変更しようと思っていたんです。

ところが、たまたま寮にドクターの先輩がいて、いろいろ話を聞いたら幻滅してしまった。日本の大学って研究費もたいしたことがない。東大って日本でいちばん科研費（科学研究費補助金）という研究予算をつけられているのに、先輩の研究室で使っていたパソコンが台湾製でアップルⅡのパチモン（偽物）だった。正規品を使えないほど予算がない。東大で最先端の研究をする超優秀な先輩がそうだということは、お先真っ暗だなと。その先輩は理化学研究所に入ったんですけど、成果が1年であげられなくてクビになり、いろいろなところを転々としていました。「ポストも予算もないところで研究しても意味ないな。俺、どうしよう」と思って、何もする気がなくなって、ずっと遊んでいたんです。

田原　遊んでいたって、何をしていたんですか？

堀江　普通に飲みに行ったり、麻雀やったりとかですかね。

バイト先でインターネットと出会う

田原　ITというものとの出会いは、どんなきっかけですか？

堀江　3年間くらいあまりにも遊びすぎて、俺、本当にダメな人間だなと思って。何とかしなきゃと思って、まともなバイトにつこうとしたのがコンピュータ関連の会社。そこでインターネットと出会った。

田原　何をする会社だったんですか？

堀江　最初はデジタル教材を作る会社。その次に行った会社がマッキントッシュとかの周辺機器を作っている会社。デジタル製版システムとか、デジタルビデオ編集システムとかを作っている会社で。そこでマックに出会ってネットに出会って。

田原　パソコンは子どものときから使っていたんでしょ？

堀江　中1くらいから使っていた。1983年とか84年くらいから。

田原　もうパソコンは使っているわけね。パソコンの魅力というか、これはおもしろい世界になるぞ、という予感はあったわけ？

堀江　パソコン自体は中学校の頃からおもしろかったんですよ。ただ、世の中を変えるとは思わなかった。なぜなら難しすぎるから。とっつきにくいというか、あまりにもマニアックすぎて。パソコンそのものは僕にとっては魅力的だったですけど。

田原　そのころは世の中、**パソコンを何に使うのか、まだわからなかったん**だ。

堀江　ゲームには使っていましたけど。

田原　1980年代に入ってすぐ、当時パソコンという呼び方はなくてマイコンと言ったけど、トップを走っていたのがNECだった。僕は『マイコン・ウォーズ』というレポートを週刊誌に連載していた。その取材でNECの事業本部長に「マイコンって何に使うんですか」と聞いたら「それが、よくわからないんです。田原さん、調べてくれませんか」と言う。「あなたは何に使えると思いますか」と聞くと「まあ、ホビーでしょうね」と言った。つまり、おもちゃだと。あんなものがオフィス革命を起こすなんて、NECの事業本部長すら、まったく予想していなかった。

堀江　僕のときは、もちろんゲームもしましたけど、バイトで通っていた塾の英語学習システムとかもつくった。普通に学習教材に使えましたよ。"I have a pen."とパソコンに書くと「正解!」と出るみたいな自習システムが実用になっていた。僕の中学校の先生もワープロを使っていて、「手書きより速いよね」みたいな話をしていました。

最初はコンピュータ＝オタクのイメージがあった

田原　東大のときはまだITなんて発想はなかった?

堀江　**コンピュータ系の仕事をやろうとは思ってなかったん**ですよ。何でかというと、かっこ悪いから。

田原　何でかっこ悪い?

堀江　オタク・イメージがあって、かっこいいとはとても思えなかった。「何やっているの、君？」「コンピュータ関連」「何それ？」っていうふうになるの、なんか嫌じゃないですか。どうせやるんだったらスマートフォンとかｉＰｈｏｎｅとか、「ああ、そんなのやっているんだ。いいね」と。

田原　**かっこいいものをやりたい**と。

堀江　当時はスマートフォンの世の中になるとは思ってなかったので、その気はなかったんですけど。バイト先でマックに会って初めて「ああ、これがみんなが使うパソコンだ」「これだったらかっこいい」と思って、やろうと思ったんですよ。「俺、得意だし」みたいな。そのときはまだ東大に在学していました。いたと言っても、大学には全然行ってないですけどもね。

田原　何で中退しちゃったんですか？

堀江　もう仕事を始めて、すごい楽しくなったからです。どうでもよかったですね。

田原　で、東大をやめて、自分で会社をつくったわけ？

堀江　いや、やめる前につくった。ライブドアの前身の会社というか、ライブドアそのものの会社ですよ。「オン・ザ・エッヂ」っていう会社です。

オン・ザ・エッヂでは、ネットのことならあらゆることをやった

田原　どういう会社だったの、それは？　最初は何をするとこ？

堀江　インターネット全般ですよね。

田原　僕を含めてですが、読者のほとんどがよくわからないと思う。ライブドアって何をする会社だったんですか？

堀江　もともといろいろなことやる会社です。**インターネットに関係するあらゆることをやるんです。**

田原　インターネットのソフトを作るわけですか？

堀江　何でもやる会社です。

田原　じゃあシェアが多かったのは、どんな分野ですか？

堀江　それは毎年変わっていた感じですね。最初の年の売り上げは３６００万円くらいですけど、内訳でいうと、クライアントでおカネをたくさんもらっていたところは、たとえば小室哲哉さんとかのＴＫファミリー。僕はアプリケーションとかＷｅｂページとかを作

ったりというところをやっていたんですけど。ｇｌｏｂｅのインターネットのチケット販売サイトを作ったり、小室さんの楽曲のＭＩＤＩデータを売るサイトを作ったりしていた。かと思えば、富士フイルムのワールドワイド版の財務諸表とか、ＩＲサイト（投資家向け広報サイト）みたいなものを作ったりしました。かと思えば、産経新聞のＺＡＫＺＡＫというウェブサイトも、僕はシステムを作っていた。バックで産経新聞の基幹システムとつなげるシステムを作ったりね。Ａｄｏｂｅという会社のＷｅｂも作った。あとはｉモード向けのゲームも作っていました。バンダイさんの仕事をやったり。

田原　ホームページづくりだけじゃなくて、システムも作ったわけね？

堀江　そうそう。たとえば田原さんみたいな人と知り合って、ホームページを作ったり、その事務所に行って社内ＬＡＮを整備して、社内メールサーバーをセットアップしたり。そういうような仕事も、結構多岐にやっていました。

新東京国際空港公団の仕事で成田国際空港の行き先表示板みたいなものを、Ｗｅｂで見られるようなシステムを作ったこともある。東京学芸大学附属大泉小学校だったかな、ＣＡＩ（Computer Aided Instruction＝コンピュータ活用教育）みたいなもののプログラムを作ったりとか。なんかよくわからないくらい、いろいろなことをやっていましたね。

2〜3年稼いだら、会社は辞めるつもりだった

田原 後にライブドアとなるオン・ザ・エッヂという会社で、いろいろなことをやっていて、堀江さんはそれをずっとそのまま続けていこうと思っていたんですか？

堀江 最初作ったときは、なんていうか、まあ会社はわりと早くやめようと思っていたんです。**2〜3年くらいでいっぱい稼いでやめよう**かな、みたいな。

田原 やめてどうしようと考えていたの？

堀江 やめてどうするとか、考えてなかったですね。

田原 たとえばロケットを作るとか、そういう夢があったんじゃなくて？

堀江 当時は、ロケットのことも忘れていたというか。そもそもロケットは、最近になって自分がやらなきゃいけないと思ってやり始めたことなんですが、当時はそうは思ってなかったんですよね。あまりそこまで頭が回っていなくて。

田原 何で、やめたいと思っていたんですか？

堀江 何で、ですかね。**自由に暮らしたかったた**んですね。

田原　自由に暮らすって、具体的には?

堀江　そうですね。研究者になりたいと思って大学に入ったんですけど、早々にオーバードクターの問題とか予算不足の問題に突き当たり、これはダメだと思って、なんか孤独感を感じていた。競馬にはまったり、麻雀にはまったりしながら、学生時代を過ごしていたわけですけど、そのとき思っていたのは、たとえば山口瞳さんの『草競馬放浪記』ってあったでしょう。彼の作品なんかを読んでいて、「ああ、なんか競馬ライターになって全国の温泉を回りながら、地方競馬を見て文章を書いて過ごすのもいいな」と思ったりしていましたね。

田原　でも、そんな文章を書いても、たいしてカネにならない。

堀江　でもいま、文章を書いてカネになっていますよ。

田原　それは珍しいよ。メルマガで年間1億円も稼ぐ人は堀江さんしかいない。ほとんどがカネにならない。

堀江　そうなんですけど、でもそういうふうにできると思っていたんですよね。その証拠に、コピー機もリースするのがイヤで。リースすると5年とか10年の契約になっちゃうじゃないですか。それじゃ、いつまでたってもやめらんねえじゃないかよ、って言って。

田原　5年とか10年も使わなきゃいけないのは、イヤだった?

堀江　イヤだったんですよね。「これ、借金みたいなもんじゃん」と思って、リースはイヤだと言って、中古のコピー機を20万円とかで買ってきて使っていました。

田原　それならば、いつでもやめられるから。

堀江　というような考え方でしたね、最初のころは。

僕はビル・ゲイツや孫正義とここが違う

田原　でも、だんだん会社が大きくなって、だんだん稼ぎが大きくなっていくね。

堀江　だんだん大きくなっていって、仕事自体は楽しかったんですよ。仕事をきっかけにいろいろな人たちと会えて。音楽業界の人たちとも仲よくなったし、マスコミとかとも仕事をした。最初の頃って、実は売り上げの4分の1くらいをフジサンケイグループからもらっていたんですよね。サンスポ、夕刊フジ、ニッポン放送とか、ニッポン放送の子会社のサウンドマンとか。フジサンケイグループとは仲がよかったんです。

田原　ああ、**フジサンケイグループとのかかわりは、もともと深かったん**だ。昔からフジサンケイグループっていうのはおもしろいと思っていたんだ。

堀江　そうですね。けっこうフジサンケイの仕事が多かったですよね。やっぱり彼らは、新しいものとか、すごい好きじゃないですか。だって僕、バイト時代にもフジテレビの仕事をしていますから。

田原　ああ、そうなんだ。

堀江　はい。僕はバイト先でアップルから仕事をもらっていて。その仕事は年末特番の芸能人クイズ大会みたいな番組で、アップルのパソコンを使って通信回線で結んで。ジャンボ尾崎さんが自宅でクイズに参加できるみたいな番組の、僕は中継担当みたいなのをやっていましたね。

田原　会社をやっていて、やっぱりネットの分野は伸びるぞと思った？

堀江　まあ、思いましたね。

田原　僕は1982年、孫正義さんに会ったんですよ。彼がソフトバンクをつくったときで、まだ社員2人だった。「あんたは、いったい何するんだ」と僕は聞いた。当然、ソフトを作ると答えるだろうと思ったら、「インフラをやりたいんだ」と言っていた。孫さんに、「何でコンピュータの世界がいけると思った？」と聞いたことがあるけど、彼は高校のときアメリカの大学に入った。むこうである日、マイクロコンピュータのチップの拡大写真がサイエンスマガジンに載っていたのを見たと。指の上に未来都市の地図のような写真を見たとか。これがコンピュータ・チップだと。その写真を見て、「20年後、30年後はこれだ！」と思って、これがコンピュータの世界に行こうと思ったという。孫正義は、ビル・ゲイツも同じ写真を見たんだと言っていた。堀江さんは、何で「これ、いけるぞ！」という予感を持ったんですか？

堀江　**僕が孫さんやビル・ゲイツと違うのは、ネット世代だということ**ですよね。コンピュータとコンピュータが結び合って、みんなが使えるデバイスがネットでつながれる。

田原　ああ、彼らが始めた頃はつながってないんだ。スタンドアローンね。

堀江　マックはネットワークを前提にしたパソコンでしたから、そのネットワーク、ひいてはインターネットをベースにした世の中ができる。**世の中にあるすべてのインフラっていうものが、必ずインターネットでつながるようになる**はずだと。

携帯で銀行振り込みできるのに、やらないのはバカである

堀江　たとえば銀行振り込みだって、いまだに全銀ネットワークを使っているのは、ほんと、おかしいなと思うんです。日本人って、ほとんど全員が携帯電話を持っているでしょう。それはソフトバンクとドコモとＫＤＤＩの３キャリアじゃないですか。だからこの**3キャリアでクリアリング・ネットワーク（金融機関同士の決済手続きのネットワーク）を作れば、そこで銀行振り込みってできる**んです。電話番号で送金ができるわけですよね。**何でやらないんだろうな、バカだなと思うんですけどね。**

田原　何でやらないんだろう。

堀江　まあ、そう思いつく人がいない。

田原　みんながやらないことは、やらない。堀江さんの言った、日本人は目に見えないルールに従う。それですか？

堀江　これ、ルールじゃないと思います。ルールじゃなくて、発想して、実行に移す人物がいないだけですよね。僕がライブドアみたいな会社にいたら、当然やっていますけど。実際、僕はイーバンクっていう会社を買収しようとしていました。新規の銀行免許の申請をしていたときに、ライブドア事件が起きた。買収したら当然、電話番号で振り込むとか、フェイスブックのＩＤで振り込めるようにするとか、当時から考えていた。その後イーバンクという会社は楽天に買われて、楽天銀行になっていますけど。

田原　楽天市場のネット通販用に、カードを発行したりしてやっているね。

堀江　楽天も、やっぱりちょっと進みが遅いですよね。だって、銀行振り込みなんて。僕は思うんですけど、「○○銀行○○支店、口座番号××××××」なんて覚えられないじゃないですか、だけど、フェイスブックとかツイッターとか、いつも使っているツールで金額をパパパパって入れたら、おカネが送金されても、何らおかしくない。やろうとしないほうが、おかしいと思いますけどね。

あの冗長で面倒くさい銀行振り込みシステムを、みんなで許容してしまっているのは、とてもよくないと思う。いまほとんどの銀行がネットバンキングに対応しているにもかかわらず、**昼休みに銀行のＡＴＭに並ぶ人がいること自体を、もう「この人たちは何をしているんだろうな」って思ってしまう。**

田原　愚問かもしれないけど、何で新しい発想が銀行からも出てこないんですか？

堀江　銀行で新しいことをやっても評価されないからでしょうね。メリットがない。それをやって、その人が得られるメリットがない。

田原　銀行もそうだけど、病院に行って検査したり診察を受けますね。するとカルテは病院ごとにあるわけです。このカルテは、個人が持っていればどこでも受診できる。そういうシステムもない。

堀江　カルテの情報なんか、ほんとは共有したほうがいいんですけど、医師会とかが反対するんでしょう。やっぱり顧客を囲い込みたいんじゃないですか。で、セカンド・オピニオンとか取らせたくないんじゃないですか。個々のお医者さんはみんな立派な方なので、そんな狭苦しい患者の利益にならないような考え方は、してないと思いますけど。保守的な病院経営者とか医師会の幹部とか、そういった人たちは、秩序を破壊されるのがイヤなんだと思いますよ。

銀行は手数料のために、必死に秩序を守ろうとしている

田原　ああ、秩序破壊が怖いんだ。

堀江　個人情報保護の問題とか、ダメな理由をごちゃごちゃ列挙して、業界団体として圧力をかけて、業界秩序が破壊されないようにする。いわゆる「保守」ですよね。

田原　銀行は、どういうデメリットがあるんだろう？

堀江　銀行は、決済手数料を取っているから、手数料がなくなってしまうと大打撃を受けるんです。だから必死に防御するんです。これは、それこそ1985年からの通信自由化と密接にかかわり合っていて、通信自由化するまでは公衆電話網を通じてデータ通信ができなかった。電気通信事業法が改正されたのと同じタイミングで電電公社が民営化されて、新規参入がオーケーになった。そのときパソコン通信というのができるんです。アスキーネット、ニフティサーブ、PC-VANなんかができた時期なんですけど。

それまでは電電公社が通信を全部独占していて、全銀ネットっていう銀行間決済ネットワークをやっていた。いまNTTデータに引き継がれて依然として使っている。NTTデータにネットワーク利用料をいくら払っているか知らないですけど、たとえば10円だったとしたら、50円のっけて振込手数料60円っていうふうにしているわけですよ、たぶん。これを携帯3キャリでやったら、タダでできるんですよ。それだと銀行も手数料を取れないじゃないですか。銀行振り込みって、ATMからの引き出しも暴利だと僕は思いますよ。たとえば預金が10万円しかない人がATMからおカネを引き出して手数料300円とか取られたら、マイナス金利じゃないですか。

田原　そう。明らかにマイナス金利。

堀江　だから**銀行に預けていても、おカネが減っていくん**ですよね。はっきり言ってすごくおかしい。おかしいといって新規参入した銀行が、業界秩序を壊そうとする。

東京スター銀行は、業界秩序を壊そうとして失敗した

田原　たとえば、どんな銀行ですか？

堀江　東京相和銀行を外資が買収した東京スター銀行って、ATMを設置して利用料タダっていうのを始めたんです。あれはおもしろい仕組みで、たとえば三菱東京UFJ銀行から東京スター銀行のATMにおカネを引き出すと、三菱東京UFJ銀行が東京スター銀行にカネを払わなきゃいけないんですよ。だから、利用料タダでも儲かるんです。

同じ仕組みをアイワイバンクもやって、これはいまのセブン銀行。セブン‐イレブンに全部ATMを置いて、どこの銀行からでも引き出せるようにして、引き出し手数料を取っている。客からも取って相手銀行からも取って、二重に儲けているわけですよ。

田原　ああ、セブン‐イレブンのはそうなんだ。

堀江　そう。セブン‐イレブンのATMは、ものすごく儲かっているんですよ、もう一つ

は、コンビニの売り上げがあるじゃないですか。1日2回入金するんですけど、店内のATMに入金しておけば、安心じゃないですか。まあ、たまに重機を使ってATMごと持っていっちゃう人もいますけど。

田原 東京スター銀行はどうなったの？

堀江 東京スター銀行は、要は失敗したというか、彼らは業界秩序を破壊しようとしたわけですよ。タダでATMを使えるといったら、みんなスター銀行で引き落とすでしょう。そこで三菱東京UFJ銀行は、スター銀行と接続を切ろうとしたんです。業界秩序を破壊するというわけです（編集部注：現在は三菱東京UFJ銀行の意向によって、東京スター銀行のATMで三菱東京UFJ銀行のキャッシュカードを利用することができなくなっている）。

田原 堀江さんみたいに思われたわけだ。東京スター銀行は。

堀江 そうそう、外資なんで、当然ながら空気は読まないから。

田原 東京スター銀行って、銀行業界で非常に評判が悪いんですよね。やっぱり手数料を取らなかったから、評判が悪いんだ。

堀江 まあ、それ以外にもいろんなことをしているわけですけど、とにかく**業界秩序を乱**

すやつはダメだと。みんなで同じことをしないやつらはダメだと。

電力にも投資してたでしょうね

田原　いまの業界秩序の問題は、東日本大震災と関係がある。福島第一原発事故で、日本の電力業界を改めて注目したら、ムチャクチャやっていることがわかった。たとえば東日本と西日本で周波数が違う（日本国内で使われる商用電源周波数、つまり交流電源の周波数が東日本では50ヘルツ、西日本では60ヘルツという相違がある）。それから地域独占。さらに電気をつくるのと送る、つまり「発送電」が一緒になっている。これを分けろとか、電力の自由化とかいう話が出てきました。いちばんとんでもないのは、道路公団と同じで、東京電力だけで子会社を98も持っていると。そこに発注したり天下ったり、ファミリー全体でむちゃくちゃやっている。だから堀江さんみたいな人が、電力の自由化をやったらおもしろい。

堀江　まあ、そうです。でも大変だと思います。

田原　あまり興味ない？

堀江　僕以外の人にやってほしいなと思いますけどね。
田原　銀行のほうはやろうと思ったでしょ？
堀江　ライブドアみたいな会社があって社員がいっぱいいて、「やれ」と言ってワーッとやってくれるんだったら、やっていましたね、電力なんかも。
田原　どういうふうに？
堀江　グーグルとかは全世界にデータセンターを分散して持っているのですが、このデータセンターとかがものすごい電力を使うので、電力にすごく投資をしています。彼らが考えているのは、ある地域のセンターを夜の時間帯に順次、稼働させていこうとしているんですね。何で夜かというと、涼しいからコンピュータの熱を冷《さ》ます冷房を弱めても大丈夫だし、夜は電気代が安いし。あるいは発電システムをつくって自分たちのデータセンターに電力を供給するとか、彼らはそういったことをやっている。ビル・ゲイツとかも小型原発とかに興味を持ってやっていますけど。そういったものに、僕もどんどん投資していったと思いますよ。
田原　グーグルの話が出たので聞きたい。グーグルは世界の秩序を破壊し、破壊し、また破壊しと、繰り返していると思う。何でグーグルはやられないんですか？

堀江　グーグルは、やられていますよ。
田原　創業者のセルゲイ・ブリンに、僕は会いましたけどね。
堀江　セルゲイ・ブリン、結構やられていますよ。たとえば欧州でもグーグルのストリートビューの差し止め訴訟が通っちゃったりとか、どっかで刑事告発されたりとか。ただ、アメリカっていう国の国益と合致しているから、要は本体がやられないってだけです。

孫さんも三木谷さんも失敗して、儲けたのは僕だけだった

田原　なるほど。もっと聞きたい。日本で堀江貴文に似た人物というと、僕はやっぱり孫正義とか三木谷浩史だと思うんだけど、**何で孫さんや三木谷さんがやられなくて、堀江さんがやられたんだろう**。
堀江　まあ、**スーツを着てないから**じゃないですかね。
田原　スーツか。彼らはネクタイを締めるわけだ。
堀江　スーツ、ネクタイですかね。あとテレビ局を買収しようとしたのは、3人とも一緒なんですけど……。

田原　ソフトバンクの孫さんはテレビ朝日の株を買い、楽天の三木谷さんはＴＢＳの株を買った。そういう意味では二人とも、堀江さんがフジテレビを買収したのと同じことをやろうとした。

堀江　みんな損しているっていうことですね。３人とも同じことをやったんだけど、**僕だけが儲かったん**ですよ。僕らは１０００億円投資して、和解条件のところで４４０億円、フジテレビに出資させたんですよね。

田原　そうだ。フジテレビがカネを出したんだ。

堀江　それが気に入らなかったみたいですね。

田原　孫さんや三木谷さんは、テレビ局で儲けておらず、引き下がった。

堀江　孫さんは、テレビ朝日株を旺文社から買った値段で朝日新聞社に売ったでしょう。だから損しているんですよね。株式買い取り手数料とか膨大にカネがかかったはずだから、何十億円って損したと思います。三木谷さんなんか、もっとケタ違いに損していますよね。

田原　ＴＢＳの株価が下がったところで手放さざるをえなかったからね。

堀江　ＴＢＳの株価、半分以下になったでしょう。あれなんか、僕ははっきり言って本当は**三木谷さん、もっと怒っていいと思う**。怒っていいと思うし、楽天の株主は国賠訴訟

（国家賠償を求める裁判）をやってもいいくらいだと思いますよ。ほんとひどいですよ、あれは。何がひどいって、楽天はＴＢＳ株式を正々堂々と買ったにもかかわらず、**株式の3分の1以上は単独企業が持ってはいけないというふうに、途中で放送法を改正した。**マスコミが報道しないから誰も知らないんだけど、要は三木谷さんが買っている最中に放送法を改正されて、買収できなくしちゃったんです。

田原　三木谷さんをやっつけるために、放送法を改正した？　そんなにひどいの？

堀江　そうです。そんなにひどいんですよ。ＴＢＳと民放連が共同で、それをやったんです。ほんと、ひどい。これは、楽天の株主なんか怒って国賠訴訟したほうがいいくらいのことです。だから買収できなくなって、株価が下がったんですから。で、三木谷さんは大損したんですから。

田原　損したから、逮捕されなかったんだ。

堀江　だからＴＢＳは「三木谷、ざまあみろ」みたいな感じで、溜飲《りゅういん》を下げたわけですよ。でも三木谷さん本人は、溜飲が下がらないどころか、「やつらにしてやられてしまった」「買収できず、かつ上げされちゃった」と思っているから、もうムカついてしょうがないんだと思います。すると「どんな手を使ってでも、あいつをつぶしてやる」ってなっても不思議はないですけど。三木谷さんは相当ひどいことをされたのに、じっと我慢しているじゃないですか、もっと怒っていいと思うんだけど、我慢していますよね。

もう一つ。これも誰も突っつこうとしないですけど、マードックと孫さんが組んで、テレビ朝日を買収しようとしたでしょう。株式を20％取得したんですけど、あのときもルールを変えたんですよ。

田原 放送法？　どういうふうに変えたの？

堀江 放送法の外資規制です。

田原 どういうふうにやったんだろう。

堀江 外資企業は放送局の株を20％以上持ってはいけないことになっているんです。

田原 それも、孫さんたちがやっている最中に変えた？

堀江 最中だったかあとだったか忘れましたけど、とにかくあれがきっかけで、放送法は改正されたんです。20％ルールができたんです。**外資企業が20％以上の株式を持っちゃいけないっ**ていうことになったんです。ほかの国では、そんなルールなんかない。だって、たとえばルパート・マードックなんて、オーストラリアで小っちゃな地方新聞から始めて、アメリカのフォックスのオーナーになっているわけじゃないですか。そういうことが、アメリカっていう国のダイナミズムなわけですけど、日本は外資が来たら……。

田原　締め出すわけだ。

堀江　締め出す。その前は、外資が株式を買い占めるなんていうことを、まったく想定してなかったんでしょうね。で、慌てて外資締め出しをやったんだけど、それができちゃうんですよね。ロビー活動力が強いから。だから2回もそうやって官製の買収防衛策をつくっているんです。これに関しては、正当な理由はまったくないと思いますよ。ほんと外資規制は、理があるように見えて、でもないと思います。

いまごろフジもＴＢＳも「しまった」と思っているはずだ

田原　実はテレビ朝日を孫さんたちが買収するというとき、テレビ朝日の職員の多くは万歳って思った。朝日新聞支配をよく思わないテレビマンたちがいたからね。楽天の三木谷さんは結局、ＴＢＳと組めなかった。で、中国の百度《バイドウ》（アジア最大級の検索サービス）と組みましたね。あれは成功ですか？

堀江　わからないですけど。

田原　どうっていうことない？

堀江　まあ普通の提携じゃないですか。

田原　でも資本は、三木谷さんのところが51％ですよ。で、百度が49％だ。三木谷さんは前に僕に言った。「TBSは、数年たったら『しまった』と思うだろう」と。

堀江　もう思っているでしょうね。

田原　ああ、TBSは、楽天を袖にしちゃってしまったと、もう思っているんだ。

堀江　フジテレビも思っていると思いますよ。

田原　そう？　フジは堀江さんを袖にしてまずかったと？

堀江　だから、やっぱりフジは変わったって、みんな言っていますよ。フジテレビが組んでいるネット企業の人たちは、「**ほんと、堀江さんの件がきっかけで、フジは変わった**」と言っている。

田原　どう変わったの？

堀江　とにかくネット事業を頑張ってやらないとダメなことに気づいて、彼らなりにやっていると。まあまあ、あんな感じですけど一応やっていると。

第3章

なぜ、僕はフジテレビを買収しようとしたのか

フジテレビの収益構造を、NHKのようにしたかった

田原　堀江さんに、なぜフジを買収したかという話を前に聞いたことがある。フジを買収すれば、ライブドアっていう名前が毎日出る、新聞にも出る。だからいいんだと言っていましたね。フジテレビを買収して、何をしようとしたんですか？

堀江　いちばんわかりやすい例で言うと、**フジテレビの収益構造をNHKみたいにしたかったんですよ。**

田原　どういうことですか？

堀江　**広告収入に100％頼っている現状から、受信者からの直接的な小口の収入に変えていきたかったんです。**このほうが安定しているんですよ。なぜなら、広告主って不景気になったりとかすると当然、出稿を減らすし、赤字になっちゃったりとかもするし。

実際テレビの力って、もうどんどんどんどん落ちてきていて、まずスポット広告（番組と番組との間に流す広告）から入らなくなってきているわけです。だから自社広告が、やたらと多いでしょう。自分のところの番組のPRとかが、どんどん増えていっている。番

宣で自社広告だけのところは、広告が入っていないところですよね。スポットはいま、もう惨憺《さんたん》たる状況なんですよ、タイム広告（番組をスポンサードする広告）といって番組提供広告も、だんだんパチンコを解禁したり、消費者金融を解禁したりとか、以前入れなかった広告で埋めている。

田原　いま、弁護士事務所の広告が多いね。サラ金の借金がある人は相談してと。

堀江　弁護士はいいんですけど、あとはエロ業界とかね。DMMなんてアダルトサイトなのに解禁しているでしょう。もうほとんど解禁しちゃっているわけですよ。これまでは何かいろいろゴチャゴチャ言っていたわけですけど、いまは広告が入れられるところは全部入れちゃおう、みたいになっている。あともう一つ、**テレビの問題には、視聴率の欺瞞《ぎまん》があると**思うんです。これは、もしかすると検察が突いてくるかもしれない。

田原　どういうことですか？

堀江　検察の特捜部って強権ですから。いまはメディアと仲よくやっていますけど、たぶん検察ってメディアのことを「自分たちの犬だ」くらいにしか思ってない。CIAで言えば情報部の下っ端だくらいにしか思ってないわけですよ。検察の人たちは、自分たちは司法試験を通った最高のエリートだと思っていますからね。

「視聴率」は、テレビ局のアキレス腱である

堀江　で、テレビ局のアキレス腱って視聴率なんです。**視聴率は捏造《ねつぞう》された数値である可能性が非常に高い、**と僕は思っています。新聞の押し紙（新聞社が販売店に対して契約戸数以上の新聞を押し付けること）と同じ。日本は視聴率調査の会社が1社しかないでしょう。ビデオリサーチ。昔はニールセンとビデオリサーチの2社でやっていたんだけど、排除しちゃった。

田原　視聴率の、どこが捏造ですか？

堀江　いまの視聴率の調査って、お茶の間になんか家族全員が集まってテレビを見ていることが前提の視聴率が出ているじゃないですか。「世帯視聴率」といって。でも、いまやそんなことをしている家庭のほうが、珍しいじゃないですか。そんなんで視聴率調査をやっていて、実際に僕らはスポンサーとして広告を出したんだけど、反響を見ていると、どう考えてもあんな視聴率の人が見ているとは思えないですよね。

田原　実際に広告を出したんですか？

堀江　何回も出していますけど。もう全然、反応ないですよ。あの視聴率調査の数字っていうのは非常に怪しい、と僕は思っている。それをベースにして、出稿量と金額を決めている。だから、ある種の詐欺ですよね。

ネットで収益を上げる構造を作れば、テレビは変わる

堀江　もう一つテレビ局の問題は、**労働問題**だと思うんです。下請けにすごいしわ寄せがきているじゃないですか。自殺する人とか過労死する人とかが、いっぱいいる。

田原　東京のテレビ局（民放キー局）は、だいたい４０００人くらい働いているんですよ。その中で社員は１２００人くらいです。だから、ほとんどが下請け、孫請け、ひ孫請けときて、外部で作っているわけ。

堀江　外注さんでしょ。制作会社の人は年収も低いし、労働環境は明らかに労働基準法違反ですよね。労働時間を考えたり、給料のレベルを考えると。それをテレビ局は黙認しながら外注をしているわけで、同罪じゃないですか。

田原　関西テレビで『発掘！　あるある大事典』の捏造事件があった。あのとき関西テレ

ビの総括番組に僕は出て、制作会社から来ている視聴率稼ぎに定評があったベテラン・ディレクターの年収を聞いたら700万円だと。じゃあ、その番組のチェックP（プロデューサー）の年収はいくらと聞いたら2000万円だと。超ベテランのディレクターが社員の3分の1で、年収3倍の社員がちゃんとチェックしなかったから大問題になった。

堀江　強権の検察、特捜部が、そのテレビの構造に対してメスを入れてくる可能性は、僕は十分にありえると思うし、それがもしかしたら破滅への第一歩かもしれないなというふうに思っています。そういう構造は、すべて広告に依存していることから出てきている構造だと。

ＮＨＫの番組は、ほとんど自社制作じゃないですか。ディレクターとかみんな社員。民放と違って、何でＮＨＫにそんなことができるかというと、これも放送法で決められているわけですけど、受信料収入があるからですね。だから、民放にも受信料収入に当たるものがあればいいんですよ。それは、昔は難しかったかもしれないけど、**いまはインターネットがあるから、たぶん簡単に徴収できる**んです。

田原　それは、民放は大反対。民放が受信料収入オーケーになると、ＮＨＫもコマーシャルを取る可能性がある。ＮＨＫにコマーシャルを取られたら民放はどうしようもない。

堀江　僕はそんなことはないと思いますよ。インターネットの時代だから、十分勝負になると思うし、少なくともフジテレビは生き残る。ほかの民放は知らないですけど。

田原　何でフジテレビは生き残れるの？

堀江　ほかの局と比べると、やっぱりコンテンツ制作能力とか人気度合いとかが全然違いますから。やっぱり民放キー局の中でいちばん力があると思うし、僕はそこはすごく評価していいます。しかも、**いちばん最初にやるというのが大事**なわけですよ。いちばん最初にやればみんな後追いしてくると思いますけど、もう完全に差がつきます。テレビを通じて、とにかくインターネットにつないで会員登録をしておカネを払わないと、視聴者が困るとか嫌だと思うことを、徹底的にやるんですよ。たとえばドラマも、最終話はもうネットでしか見られないというくらいにする。

トップダウンでないと変わらない、だから買収しかなかった

田原　民放もコマーシャル以外に視聴者から直接おカネを取るんだという堀江さんのアイデアは、とてもおもしろい。日本で初の試みだからね。だけど、買収問題の際は、何でフ

ジテレビと共同経営にしなかったの？　買収しようとするからフジは猛烈に反対したし、民放がみんな堀江さんを悪い悪いと言ったんだ。共同経営でやればいいじゃないか。

堀江　それだと、すごく時間がかかるでしょう。僕は実現性が薄いと思ったんですよ。なぜかというと、これも理由がある。実はライブドアで、テレビ東京の携帯サイトの受託をやっていたんです。うちの社員の仕事ぶりがいまいちだったらしく、「社長出てこい」と言われて、毎週企画会議に出ていたんですよ。テレビ東京メディア何たらというテレビ東京の子会社なんですけど。そこでずーっとやっていて思ったことは、とにかく**番組制作スタッフが超非協力的で、何もやってくれない**んです。あのころのテレビ東京の人気番組は、たとえば『開運！　なんでも鑑定団』。その商品の出品とか落札とかをネットでできれば、それだけですごい会員がくるとわかっているのに、やってくれないんです。

全何十番組あるのにもかかわらず、本当にちゃんと協力したのはマイナーな番組とか『ワールドビジネスサテライト』とか5番組くらい。アイデアを出しても超非協力的で、局の人が話を聞いてくれないんですよね。もうどうしようもないなと思って。それでも、携帯サイト会員を1万人から10万人にしろと言われて、そのとおりにしまして、それでやっと僕は、毎週朝9時からの企画会議に出るのを解放されたんですが。

田原　外注でモバイルサイトを作って、儲かりますか？

堀江　まあまあ、ぼちぼちですね。そんなに利幅は大きくないですけど。でも、テレビ東京のモバイルサイトをうまく成功させたのは、レギュレーション的には（契約規定からすれば）すごくいいので。そこで感じたことというのが、もうとにかく**トップダウンでガツンとやらないと、この人たちは何年たっても動かない**なと。そうこうしている間にもう呑み込まれてしまう、時代遅れになってしまうという思いはすごくあった。

田原　さらに言えば、永遠に下請けプロダクションから脱皮できないと？

堀江　僕らがですか。いや、そういうわけではなくて、別にレベニューシェア（パートナーとして提携し利益配分にあずかること）だって、そのうちできるようになると思っていました。そうではなくて、僕が思っているような、**テレビがネットで収益を上げていくような構造をつくるのに、ものすごく時間がかかってしまう。**だから提携では、やっている意味がないなと。トップダウンでガツンといければできるのにな、というふうに思ったんです。

日枝氏のフジテレビ支配の総仕上げを僕が邪魔をした

田原　もう済んだことだからいいんだけど、フジテレビの日枝久という男は、堀江さんがまともに話し合ったらおもしろかったと思う。いまフジ・メディア・ホールディングスとフジテレビの代表取締役会長をやっている。

堀江　どうなんですかね。対立していたので（笑）、会ってもおもしろい話にはならなかったんですけど。

田原　僕はテレビ局の社長・会長たちのうちで「経営者」と言えるのはフジの日枝さんだけだなと思っている。あとは全部、新聞社からの天下り。

堀江　それはそうでしょうね。だからこそ執念深いですけどね。もう20年間もトップに居座り続けていますから。彼のテレビ局の支配方式というのは、いわゆる共産党の支配方式と一緒で、人事ですよね。**人事権を全部握っていて、株主をバラけさせて排除する**という。株主の言うことは一切聞かない。

田原　彼は組合の委員長をやっていたからね。でも、その日枝さんが、何でニッポン放送とのあんな関係、つまり、小さいニッポン放送のほうが大きいフジテレビの株を持って形としては親会社であるというねじれ構造をバラせなかったんですか？

堀江　いや、ずーっと努力してきたんですよ。あれは**総仕上げの段階だった**んです。総仕上げを最後の最後に邪魔されて、むかついてしょうがないと。

田原　そういうことか。

堀江　だって、彼の20年計画のやっと総仕上げですよ。この憎たらしいニッポン放送に、売り上げの小さいラジオにすぎないニッポン放送に、民放最大の俺たちテレビが何で支配されるんだと。

田原　呪縛されていると。

堀江　もうそれが、ムカついてしょうがなかったんだと思います。鹿内信隆《しかないのぶたか》の亡霊ですよね。それがもう嫌で嫌でしょうがなかったんでしょうね。で、やっと逆転できそうだというときに、邪魔しやがってという。

田原　堀江貴文ってやつが、横からいきなりしゃしゃり出てきて邪魔をしたと。

堀江　だから、もうムカついてしょうがなかったんだと思います。**持ち株のねじれ解消は、彼のライフワーク**ですよね。**あれを解消して名実ともに、フジテレビの天皇になる**わけじゃないですか、本当は。やっと15年越しのクーデターが完成する瞬間ですよね。それまでたぶん、株を持っていた鹿内宏明さんにおびえ続けたんだと思いますよ。

クーデターの最中に、乗っ取りを仕掛けた

堀江　実際、その予兆みたいなのがあったわけじゃないですか。村上ファンドがいっぱい株を持っていたりとか、外資のファンドが株を持っていたりとか、つねにおびやかされてきた。でも外資規制のおかげで、外国のファンドは入ってこなかったと。そうしたら、村上ファンドというのがきた。どうしようと、もうずっとドキドキだったと思いますよ。

田原　そうか、村上ファンドは、外資規制の対象にならないから。

堀江　ずーっと彼は不安だったと思いますよ。でもフジテレビの支配者、つまりメディアの支配者から自分がいなくなることが、彼にはいちばんの恐怖なんだと思います。

田原　村上ファンドはフジテレビ株をピークでどのくらい持っていたんですか?

堀江　たぶん30%くらい持っていたんじゃないですか。外資と併せて半分くらい持っていましたからね。そのところを僕らが全部買っていったわけです。彼は本当に怖かったんじ

ゃないかな。自分自身がクーデターをやっていたわけですからね。

田原　クーデターをやっている最中に、堀江貴文に乗っ取られかけたわけだ。

堀江　だから、クーデターのやり方がちょっと下手くそだったんですよね。下手くそというのは、資本市場の仕組みに関して、彼はまだ理解が浅かったんでしょう。上場して株主をバラけさせてと考えていたんだけど、上場したらほかの株主に買われるというリスクがある。にもかかわらず、それを軽視していたんですよ。

上場すると、そのとき株の売り出しをしたり増資をしたりとかして、株式を希薄化《きはくか》できるでしょう。フジテレビの上場もニッポン放送の上場も、株式の希薄化をするのが目的だったんです。それでニッポン放送が持っているフジテレビ株の持ち株比率をどんどん下げていって、最終的に親子を逆転させるということを狙っていたんです。

田原　ところで堀江さん、近鉄バファローズ球団の買収に名乗りを上げたのは、つまり有名になりたかったと。単純にライブドアの名前を売りたかったと。

堀江　はい。

田原　球団経営なんて興味ないでしょうからね。

堀江　興味はあるんですよ。興味はあるんですけど、**トップ・プライオリティは知名度を**

上げることです。経営は経営でおもしろいと思っています。

田原　フジテレビの場合は、知名度を上げるだけじゃなくて、本当に**テレビ局を変えたい**と思っていたんですね？

堀江　変えたいというか、テレビ局にとってのメリットは、そうやって変わることだし。僕らにとってのメリットは、**ライブドアの会員が飛躍的に増えてヤフーを抜く**ことを目指したかった。

田原　どうしても、共同戦略は取れなかったのかな？

堀江　まあ、何年もかければできたんでしょうけど。時間が惜しかったんですよね。

田原　フジテレビの日枝さんが懸命になって、ニッポン放送の呪縛から解き放たれて自立したいと思って、あれこれ画策していたことは、知っていたわけ？

堀江　それもプロセスの途中で。まあ、そんなに熱意を持っているんだということもわかりました。完全に理解したのは、講談社から出ている『メディアの支配者』という本を読んでからですけど。もっと言うと、それをぱくったのか何なのかわからないですけど、『閨閥《けいばつ》』という本を読んでからですね。

田原　ニッポン放送とフジテレビのからくりが、途中からわかったと。

堀江　そうですね。だから、それこそ戦前の水野成夫《しげお》さんとか鹿内信隆さんとかのころから、ずーっと歴史をひもといていった。

資本主義の本質を理解していた鹿内信隆氏

田原　彼らはつまり、戦後の日経連です。労働組合に対抗する財界の保守。単純に、共産党や社会主義をやっつけろと。

堀江　そうそう。そのプロパガンダ放送局がニッポン放送です。日経連の専務理事だった鹿内信隆さんは、不振になっていた日経連の加盟企業からうまいことニッポン放送の株を買い取るんですよね、捨て値で。繊維系とか炭坑とか、そういう会社が日経連の会員企業だったわけですよ。その共同出資でニッポン放送はできている。で、みんな経営破綻していくじゃないですか。そうしたら持っている株式とかを処分しちゃうわけですよ。そのときに、うまいこと買い集めて、いつの間にか過半数を牛耳《ぎゆうじ》っていたという。

田原　巧みと言えば巧みなんだ。

堀江　そう。だから、鹿内信隆という人は、**資本主義の本質を理解していた**わけですよ。

オーナーがいちばん強いと。だけど、ほかの人たちはそれを全然理解してなくて、水野成夫さんとかとくにそうなんだけど、まったく理解していない。水野さんを取りあえず担《かつ》いでおいて、その間に自分は株を集めておいて、ある瞬間追い出すわけですよね。「おまえは要らない」と言って追い出した。

田原 水野成夫さんは追い出された。で、余計なことだけど、水野さんの息子が非常にかわいそうな目に遭って、これを堤清二さんが助けたんだ。

堀江 そうです。西武百貨店の渋谷店長から社長にするわけです。『閨閥』という本のほうがフィクションの仕立てになっているので、より生々しくておもしろいんですよ。最初のシーンが、水野さんが病床で死ぬ間際に「鹿内信隆を殺してやる」「あいつだけは許せねえ」と言った、みたいなところから始まるんですけど。これはフィクションなのかノンフィクションなのか、はわからないんですけど。

田原 鹿内信隆という人は、もともと水野成夫さんの子分ですよね。

堀江 日経連のときの子分だし、もっと言うと、国策パルプをつくったときからの盟友ですよね。あれも最初はインチキ会社です。「再生紙の技術がある。新聞紙から紙が作れる」と言って、陸軍から金を引き出したんだけど。

新聞紙をソーダ水とかなんかで処理をして再生紙ができるという。いまではそういう技術はもちろんあるわけだけれども、当時はまだ確立していなかった技術を「できる」と言ってカネを引っ張った。実際、北海道の苫小牧とかに工場を造っていたんですけど、実は普通にパルプから紙を作っていたんです。

田原　何で国策と言うの？　だいたい名前自体がおかしいじゃない。

堀江　陸軍からカネをもらったからじゃないですか。つまり、お国の役に立てると。再生紙が作れるようになれば紙不足も解消できるなんて言ってカネを引っ張った。

田原　なるほど。陸軍を騙したわけだ。そういう意味では立派ですね。

堀江　まあ、ある意味そうですね。陸軍は陸軍で切羽詰まっていたと思うんで。水野・鹿内はその時代からの盟友ですよね。

「フジテレビをデカくした」経営者の弱みを把握する

田原　その後は日経連で、またうまいことやった。

堀江　そうそう。ただ、じゃあ鹿内信隆さんがテレビ局の経営がうまかったかというと、全然そんなことはなくて。取りあえず文化放送と一緒にフジテレビをつくるんだけど、なにしろ最初は「母と子のフジテレビ」ですからね。

田原 TBSと日テレが全国の地方民放をほぼ二つに系列化したあとにスタートした、弱小局だった。

堀江 母と子の番組で僕が知っているのは『ひらけ！ポンキッキ』くらいですね。でもあのころ編成局長だったのが日枝さんなんで、彼はやっぱり有能なんだと思いますよ。テレビの経営者としては。おもしろくなければテレビじゃないというところで。

田原 ポンキッキは70年代。その後、ついに鹿内さんを追い出すんだからね。

堀江 そうです。あのころ編成局長で、要は鹿内信隆さんの息子の鹿内春雄が社長になって、その息子は若くして死ぬわけじゃないですか。すると、そのあとの娘婿《むすめむこ》の鹿内宏明さんを追い出した。信隆さんが死んでから追い出すんですよ。

でも、日枝さんは、やっぱりテレビ局の経営者に向いているし、「俺がフジテレビをデカくした」と思っている。だけど**株は持ってないというのが彼の最大のアキレス腱**だった。それはそうですよね。会社員で入って、株なんか持てるわけないじゃないですか。だからいろんな手を使って、たとえば郵政省に「波取り記者」を送り込んで、放送関係の動向をずーっと監視したりとかしてやってきた。

田原　波取り記者というのは、地方で新しく放送局の免許が下りそうだというような情報収集をしたり陳情したり、大臣や官僚と放送局のつなぎを担当する専門の記者。記者といっても、記事はほとんど書かない。

堀江　先日、元総務大臣の鳩山邦夫さんの筆頭秘書を上杉隆さんが紹介してくれて、一緒にゴルフをしたんですよ。ゴルフしたというのをツイッターか何かで書いたのを見つけて、その秘書にフジテレビの波取り記者から「堀江さんと仲いいんですか」って電話がかかってきたらしい。それくらい、情報収集とロビー活動がすごいんですよ。

報道はテレビでなくて、ネットでやればいいのだ

田原　もうちょっと聞きたい。フジテレビを買収しようとしたときは、ライブドアの経営よりも、テレビをどうしたいということに興味があったんですか？

堀江　テレビをどうしたいというのは、テレビ局の人たちが考えるべき問題だと思っているんで、あまり口出しをするつもりはないです。

ただ言いたいことは、通信というかインターネットが得意とするところと、テレビ放送が得意とするところは、明らかに違っている。だから、**うまく棲み分けをしなければいけない**。具体的に言うと、ニュース番組とかいちいちテレビでやる必要はないし、古舘伊知郎の意見なんか別に誰も聞きたくないでしょうということ。そんなのネットのブログでやればいいじゃないかと。やっぱりテレビのよさというのは、ライブ中継だったりスポーツ中継だったり大作の映画だったり、そういうものにどんどん特化していくべきだと思うんです。

田原　それは、僕がもしフジテレビにいたら、反堀江になって「冗談じゃない！」と言うね。ライブやスポーツ中継をやるテレビがあってもいいけど、断然、報道は大事だと主張したと思う。

堀江　報道はネットでいいんですよ。

田原　いや、報道は大事。報道とはニュース、ニュースの分析と解説は大事だよ。

堀江　ニュースの解説と分析は大事なんです。でも、それを放送電波を使ってやる必要があるのか、ということなんです。

田原　テレビって、そういうものじゃないか。

堀江　いや。そうじゃなくて、僕はネットだと思うんです。報道という分野は、ネットのほうがよりわかりますよ。**テレビ向きとネット向きのコンテンツを分けるべき**ですよ。

テレビの地上波はいらないから、電波を携帯に明け渡せ

堀江　もっと言うと、電波を放送のためだけに使うことも、僕は本当はよくないと思っているんですよ。それは資源の浪費だと思っているんです。

田原　それは、総務大臣をやった竹中平蔵さんがいつも言っていることだね。つまり放送と携帯電話に使っている電波のところは、大部分をテレビが使っているわけね。携帯が１割ですね。１割の携帯が全テレビよりも収入が多いんですね。

堀江　だから、本当は**テレビの電波は、少なくとも地上波は全部返上して、携帯とかの双方向通信用に使うべきだ**という、僕の持論はそうです。究極的には。テレビは有線のケーブルテレビかインターネットでいいんですよ。

田原　そこは竹中平蔵さんと一致しているんだ。

堀江　で、どうしても無線の放送をやりたければ、衛星があるでしょう。衛星でいいじゃや

ないですかと。衛星だとマイクロ波帯を使うので、電波の資源的には余裕が十分にある。放送というのは、地上局でやる必要は、もうすでに技術的にはないんです。放送をどうしてもやりたければ、衛星放送でできるんですよ。

でも携帯通信というのは、いまのところ地上局でやるしかないわけです。衛星をもっと安くたくさん打ち上げられるようになったら別ですけど、少なくともいま現時点では携帯電話は地上局でやるしかない。にもかかわらず、**スカイツリーなんていう巨大なムダなものを造り、テレビ電波を地上でとにかく出し続けるということが果たして必要なのか。**僕は必要ではないと思う。だって、インターネット上で放送というか動画配信はできるわけですよ。実際、震災のときに、ＮＨＫとかフジテレビはやったわけじゃないですか。あれで何か問題あるのか、という話なんですよ。

ニュースを売ってくれないから、自分たちで始めた

田原　なるほど。ところで、フジテレビの買収を狙って失敗したあと、何でインターネット動画にいかなかったんですか？　たとえばニコニコ動画みたいな、ああいうのをどんど

ん作ればよかったじゃない。

堀江　作っていましたよ。動画番組、報道局みたいなのを作って、記者もマックスで30人くらいいました。それもだから、僕らはずっと試行錯誤していった。

田原　そうなの。ライブドアも、やってはいたんだ。

堀江　インターネットのポータルサイトでいちばんアクセスが多いのは何かというと、やっぱりニュースなんですよ。ヤフーでもヤフーニュースの中のトピックスというところがいちばん人気があって、いちばん人を集める。オークションとかもあるんですけど、**集客や知名度の向上にいちばん役立つのは、ニュースコンテンツなんです**よね。

田原　僕もニュースは、ほとんどヤフーでしか見ない。

堀江　そうじゃないですか。だから、新聞社や通信社からニュースを買っていたわけですけど、どんどん売ってくれなくなるんですよ。朝日新聞も実はライブドアに1年間掲載していたんですけど、それは試験掲載だと。1年たったら、やっぱり配信してくれなくなったし、共同通信はもう最初から最後までずっとダメで、ニュースを売ってくれないです。

田原　何で？　こちらの支払う金額が安いから？

堀江　いえいえ。だから、インターネットを敵だと思っているんですね。あれは地方新聞社のネットワークだから、ライブドアみたいなところはダメだというわけです。

田原　そうか。共同通信のサイトは、加盟する地方新聞サイトのポータルになっていて、見にきた人を加盟社に飛ばしている。お客である地方新聞の邪魔はしないんだろうね。

堀江　時事通信社は、ちょっと経営が苦しいから売ってくれるんですよ。各新聞社はもう売ってくれなくなっていた。だから、僕らは朝鮮日報とかアルジャジーラとか、とにかく売ってくれるところからニュースは買うようにしていました。当然それでは足りないから、しょうがないから、自分たちで記事を作るしかないなと。だから記者を20～30人雇った。それで取材に行ったら、記者クラブというのがあって入れない。

田原　これも既得権益の保護だ。どうした？

堀江　じゃ、ＣＮＮのモデルを考えよう。ＣＮＮはケーブルテレビだったけれども、これからはネットテレビ、つまりネット動画のサイトだろうと考えました。ＣＮＮは湾岸戦争で伸びたんですよ。今後も絶対そういう事件は起きますしね。たとえば今回の東日本大震災のようなエポックメイキングな大事件は絶対起きるので、**24時間ニュース番組をやろう**と、２００５年から始めていたんです。ニュースキャスターまで雇って、専属チームが最初は１日４時間くらいやっていたのかな。昼のニュースと夜のニュースをやりながら、放送枠を拡大していこうと思っていたんですよ。で、大事件が起きたら、24時間体制でずーっとレポートすると。

田原　なるほど。でも、テレビや新聞と競争するのはたいへんだね。

堀江　でも、今回の震災でもテレビは、やっぱり限界があるわけですよ。きめ細やかなニュース配信はできないし、時間が限られているからカットしなければいけないとか。ネットテレビだったら、自由にいくらでも放送を流せるわけじゃないですか。だから総力体制でニュースを流したら、みんな見てくれるだろうということで、本当に始めていた。でも皮肉なことに、いちばんアクセスがあったのはライブドア事件だった。その後、僕がいなくなってニューステームは解体されて、みんなクビになってしまった。

田原　そのとき、どうやって収入を上げていたんですか？

堀江　最初は収入はないです。最終的にはもちろんCNNみたいに有料課金制にして、おカネを取っていこうと考えていましたけど。だから僕らは、やっていたんです。有料まではいかなかったけれども、結構多くの人たちが見てくれるようになりつつあったんです。ユーチューブもニコニコ動画も僕らのあとですよ。

田原　そうか。ちょっと早すぎたんだな。

堀江　早すぎたことはないと思いますよ。そのままやっていたら、僕らがリードしていたと思いますもん。

衆院選の立候補の裏話をしよう

田原　結局、フジテレビの買収は失敗した。その次、僕がわからないのは、何で議員に立候補したんですか？　これは相当ふざけていると思う。何やってもいいんだけどね。

堀江　どうしてですか？

田原　本気でやる気ないでしょう？

堀江　ありますよ。

田原　だって、政治家になったら、ライブドアはどうするんですか？

堀江　だから、ライブドアをやりながら、やりたかったんですよ。

田原　何で2005年夏の衆議院選挙に、立候補したの？

堀江　**構造改革というものが、僕が立候補して亀井静香さんをつぶさないと終わっちゃう**と思ったからですよ。というのと、もう一つは**首相になれると思った**からです。

田原　小泉純一郎は裏で、堀江さんにどういうふうに口説いたの？

堀江　口説いてないです。僕がなりたいと言ったんですから。

田原　話し合いはしたんでしょう？

堀江　話し合いは、小泉さんの秘書の飯島勲さんとしたんです。

田原　どういう話し合いをしたの？

堀江　僕は、構造改革を進めなければいけないから国会議員になりたいと思って、自民党幹事長だった武部勤さん、総務局長で選挙責任者だった二階俊博さんと話をし、民主党の代表だった岡田克也さん、それから福山哲郎さんと話をした。

田原　自民、民主どちらとも話をしたんだ。

堀江　両方と話をして、「岡田さんは構造改革を進める気はないですね」と確認し、これは小泉さんを応援するしかないから「自民党の公認をくれ」と言った。そうしたら自民党内でもごちゃごちゃあって、「公認はやれない」みたいな話で飯島さんが来たんですよ。で、なんかいろいろ条件を出されて「会社やめろ」とか言うから、「そんなの無理ですよ」と言った。「じゃ、当選したら公認やるよ」とかっていう話になって「じゃ、当選してやるわ」「空いている選挙区どこ？」と言ったら、亀井静香さんのところが空いていた。

彼をつぶさないと構造改革が元に戻るなと思って、立候補したんです。

田原 つぶさないと元に戻るというのは、小泉さんもそう思っていたでしょうね。亀井さんが、いちばん憎いんだから。

堀江 うーん。思っているけど、**結局誰も亀井さんをつぶせなかった**わけじゃないですか。つぶせなかったら彼は絶対復活すると思っていたら、本当に復活してきましたよね。**だから、やっぱりあそこが急所だった**んです。本当は、あれが天王山《てんのうざん》の戦いだったはずなんですよ。桶狭間か関ヶ原なのかは、わからないですけど。

田原 あそこで亀井さんをつぶしておけば。

堀江 **つぶしておけば、いまになって郵政が元に戻りはしなかった**ですよ。

亀井静香に勝ったら、首相になれると思った

田原 首相になれると思ったのは、何で？

堀江 当選したらですけど、実際その後、**自民党入りして、僕は総裁選に出ようと思っていました**からね、本当に。

田原　総裁選に出たって勝つわけないじゃない。
堀江　でも、小泉純一郎は勝ったじゃないですか。
田原　三度目の正直でね。それと金権ですよ。
堀江　金権だから、カネの力はあるわけじゃないですか。僕には資金力があるでしょう。で、**亀井静香さんに勝ったら、選挙は最強**ですよね。どこで戦っても選挙で当選するわけじゃないですか。
田原　亀井さんに勝ったらの話だね。
堀江　亀井さんに勝ったら、どの選挙区で出ても絶対に勝てますよ。で、選挙に強くて、資金力があれば、資金供給できるから仲間も作りやすいですよね。だって、国会議員の半分以上は、みんなカネに困っているんですから。そうしたら……。
田原　一人に年間２０００万か３０００万円やれば、みんな子分になりますよ。堀江派のボスにはなれる。
堀江　だから、それができるじゃないですか、実際のところ、彼らはおカネに困っているわけだから。別にカネで票を買うとかっていう問題じゃなくて、もちろん政治を実際に動かす方便というか手段の問題ですけど、実際できるわけですよ。そうしたら、安倍晋三さんはもしかしたら次の自民党総裁になるかもしれないけど、安倍さんのあとはいけるんじゃないか、と思ったんですよ。

田原　現にいなかったからね。

堀江　現に。だって福田康夫さん、麻生太郎さんがなったわけじゃないですか。あれは、誰もいなかったからですよね。

首相になって、これをやりたかった

田原　安倍さんは憲法改正をしたいと言って総理大臣になった。堀江さんは何をしたいと思った？

堀江　僕は、要は**国家のシステムを徹底的に解体してコンパクト化したかった**。簡単に言うと**小さな政府**ですよ。公務員の削減だったりとか、税制改正であったりとか。

田原　税制改正はどうするの？

堀江　直間比率の見直しですよね。**消費税を20～25％くらいに上げて所得税、法人税をフラット課税に**して、たとえば株式の譲渡益課税を０％にするとか。まあこれは、そこいらのアジアの急成長している各国が普通にやっている政策ですけど、それを国際標準に合わせないと、グローバル化が進んでいますから当然、日本は沈んでしまう。

田原　その堀江イズムは、ちょっとわからない。堀江さん、本気で日本を変えたいと思っていないんじゃないの？

堀江　本気で日本を変えたいと思ってないんじゃないかっていうのは、当たっているし、当たってないんですよ。つまりその、**単なるお節介なんです**よ。

田原　うん、お節介ね。フジテレビの話はよくわかった。有料化やインターネットとの関係もおもしろい。日本国に対しては、なにかちょっと陳腐だなと思う。

堀江　そんなことないと思いますよ。だって、僕らのメリットも、もちろんあると思うんですよ。ライブドアは日本語圏の人たちが主要顧客なわけじゃないですか。当然そこに商売しやすくなる。

田原　あなたは、ライブドアを発展させるために首相になろうとしたわけ？

堀江　まあそれもあるし、僕ら以外の会社がいっぱい出てきたほうが楽しいじゃないですか？　別に僕らだけのためにやったわけじゃない。

田原　やっぱり首相になったら、ライブドア社長はやめなきゃね。

堀江　それは首相になったらやめますよ、もちろん。そういうステップを短くやりたかったんですよ。

第4章

本当は僕が最初にスマートフォンを作っていた

あと2〜3年で、世界一になる道筋ができるはずだった

田原　堀江さん、2005年の衆議院選挙に出たり、その先に首相になることを考えたというのは、ライブドアに飽きたわけですか？

堀江　というか当時、**会社は、あと2〜3年でやめようと思っていました。**これは正直言って。

田原　何で？　やれることはやっちゃった？

堀江　そうですね。**世界一になる道筋ができればいい**じゃないですか。**インターネットも普及した**じゃないですか。だから、僕らのミッションってもう終わっていますよね。

田原　ライブドアの目的というかミッションは、インターネットの普及だったんだ。

堀江　そう。インターネットが普及して、すごい便利な世の中になりたいねと。便利になりたいし僕らライブドアも大きくなりたいよねっていうなかで、僕らも大きくなったし、インターネットも普及したし。あとは**ライブドアの株主に対して「世界一」って言っていたからその道筋だけつける。それは義務ですからね。**そこで、やめようと思っていた。立

候補したころ、あと2～3年だなと思っていましたね。

田原　世界一っていうのは、何が世界一なんですか？

堀江　**営業利益**です。で、株主に最大限配当をするということです。それは単純に義務ですよね。

田原　世界一を目指すというときのライバルって、どこですか？　グーグル？

堀江　ライバル……。わからないですね。わからない会社がライバルになる、と思っていましたね。当時は存在しない会社です。実際そうじゃないですか。いま、どこがインターネットの覇権《はけん》を握りつつあるかっていうと、フェイスブックだったりするわけですよね。フェイスブックなんか、２００５年には影も形もなかったじゃないですか。あの会社って２００６年にできたんですからね。

田原　あんなのは趣味の会社だって、初めはみんな思っていた。

堀江　でも、そんなのがすぐに伸びていくのが、インターネットの世界ですから。いまだ見ぬ企業がライバルという。

田原　そうか。世界一になればいい。あとは2～3年でライブドアをやめようと思っていたんですね。

堀江　早ければもう1~2年、くらいの感じで考えていましたね。
田原　で、やめたら今度は日本国を何とかしようと。
堀江　と思っていたんだけど、かなわなかった。だから、取りあえず宇宙開発をやるかと。

「ソニー買収でスマートフォン計画」はあった

田原　亀井さんに敗れて国会議員への道が閉ざされた直後、堀江さんは、何をどうしようと思ったんですか？
堀江　だからもう、ライブドアを世界一の会社にするために何をやるか。**次はスマートフォンだと**思ったわけです。**ソニーを買収してスマートフォンを作ろう**と思っていた。
田原　これは、本気で考えたわけですね。
堀江　2005年だったかな。コンピュータ関連のカンファレンスで基調講演をしたことがあって、僕はそこでスマートフォンの登場を予言したんです。僕が思い描いていた未来って「これ」（とスマートフォンを取り出す）だったんですよ、本当に。
当時、iPodって携帯音楽プレーヤーがあって、持ち歩きながら思っていたのが持ち物をとにかく一本化したいよねってことだったんです。パソコンって持ち歩きにくいじゃないですか。だからコンパクトなパソコンは、携帯電話や携帯音楽プレーヤーをちょっと大型化したサイズの携帯デバイスで、コンピュータ的な動きもできるものに、これから置き換わるだろう。ブロードバンド無線通信でインターネットとつながった携帯コンピューティングデバイスが、これから世界を席巻《せっけん》するだろうと思っていました。

それを作れる会社ってどこだろう。ソニーだ。ソニーなら買えるんじゃないか、と。僕が、ソニーが抱えている問題っていうのは何だと思ったかっていうと、要は**経営資源が効率的に運用されていなかった。**

田原　ソニーの経営資源が非効率になっている。どういうことですか？

堀江　これからの時代っていうのは、いくつか生き残り方があるんです。一つは、**インターネットで開花して、そこでデジタルコンテンツを販売して収益を得ていくモデル。**いわゆるアップル型のモデルですよね。もう一つは、**専門化し特化したデバイスを大量生産するような会社のモデル。**サムスンとかLGとかインテルとかそういうモデル。この二つのうちどっちかに特化する道しか、生き残らない。だからいわゆる日本的な総合家電っていうものは、グローバル化の中でまったく意味を持たなくなる。どんどん競争力を失う業態になっていくだろうなと。

田原　うん、そうでしょう。

堀江　ソニーも、総合家電なわけじゃないですか。だから、**ムダな部分をどんどんそぎ落としていかなければいけないん**です。たとえばテレビをやる意味が本当にあるのか。僕は意味がないと思ったんですよね。だからソニーは、テレビ部門を中国でも韓国でもいいからとにかく売る。パソコン事業なんかも、どうせ儲からないから売る。これはIBMが売ったわけじゃないですか。

田原　中国に売っちゃった。

堀江　だから、中国に売りゃいいんです。VAIOだって何兆円かで売れたと思います。僕はプレステも売るべきだ、と思っていたんですよ。プレステはマイクロソフトに売れば、何兆円かで売れたと思います。そうすりゃ、今回の個人情報漏洩問題もなかったと思いますよ、僕が残すのは、ソニー・ミュージックエンタテインメント（SME）とかソニー・ピクチャーズとか。あとは楽天に売ったEdyみたいな電子マネーの事業とかソニー銀行とかソニー・ファイナンスとか、そういうメディア系と金融系。

田原　どっちかというとソフト？

堀江　と、音楽プレーヤー事業ですよ。ウォークマンとかの事業を残しておいて、そこにコンピュータをくっつけてスマートフォン的なものを作る。**ウォークマン・ブランドを捨てることが、僕はソニーの最大のテーマだ**と思っていました。ウォークマンって言ったらみんなカセットプレーヤーを思い浮かべるでしょう。**古臭いから勝てないんです。**

田原　ああ、名前を聞くだけでね。

堀江　だから勝てない。ｉＰｏｄに負けちゃうんです。

僕がいいと思っているものは、みんなもそう思うはずだ

堀江　アップルのすごいところって、**古いブランドを次から次へと捨てること**なんですよね。昔は主力商品がマックだったですね。でもいまはｉＰｏｄの次で、ｉＰｈｏｎｅ、ｉＰａｄじゃないですか。

田原　そこで聞きたい。たとえばスマートフォン。日本は、何でｉＰｈｏｎｅを作れなかったんですか？　何でアメリカのアップル、スティーブ・ジョブズだったの？

堀江　ジョブズしか作れなかったんでしょうね。

田原　何で？

堀江　それは、ジョブズだからでしょう。技術をわかっている。**絶対的な権力を持つトップが技術のことをよくわかっていて、クリエイティブだから。**

田原　クリエイティブって、何ですか？

堀江　**従来の枠にとらわれず、これからはこうあるべきだって考えていく人のこと**だと思う。言い換えれば**独善的であること。俺がほしいもの、俺がいいと思っているものはみんなもいいと思うはずだと、みんなの意見を聞かないことが重要**でしょう。

田原　パソコンの箱なんか作ったって意味がないから、結局マイクロソフトのウィンドウズかアップルのマック。その二つに世界中が振り回されている。それからｉＰｈｏｎｅでｉＰａｄですね。日本では何一つできない。何でだろう？

堀江　だから**ジョブズがいないから**なんです。まあビル・ゲイツもいない。

田原　だから、何で日本にいない？

マイクロソフトもアップルも、才能をつぶされなかったからできた

堀江　まあ、世界にも二人か三人しかいないようなのが何で日本にいないのかって言ったら、それは、たまたまじゃないですか（笑）。

田原　二人ともアメリカだ。グーグルのセルゲイ・ブリンもアメリカなんだ。

堀江　アメリカという国は、そういう人たちをつぶさないっていうこともあるでしょう。彼らがのびのびと好きなことができる。要は確率で、たぶんどこの国にも絶対いると思うんですけど、その**才能を伸ばせるかどうか**。ジョブズって変わっているじゃないですか。日本の会社に入ってスーツを着て営業とかやっていそうにないじゃないですか、あの人。でも、ああいう個性が子どものころから褒められるという文化はあると思いますよ。

田原　日本でセルゲイ・ブリンは生きられない。

堀江　日本の場合はどうなるかっていうと、僕みたいなバッシングにも耐えられるような人は最後は検察にやられる。そうじゃない人は、やっぱり学校に行きたくなくなる。だいたいニートで引きこもりになって、心の弱い人は自殺しちゃったりもするだろうし。

田原　ロシア人のブリンは6歳のころに、一家でロシアからアメリカへ引っ越してきたんだね。ブリンの才能をアメリカが伸ばした。

堀江　個性を伸ばす教育をしているし、彼らがすごく生きやすい国です。

田原　僕はブリンのグーグル本社に行ってびっくりした。社内で犬を飼っている人がいたり、研究室に妙な人形を飾っていたり、普通の会社じゃないね。

堀江　ライブドアもそれに近かったですけど。社内はそんな感じでしたからね。

実は産学共同のビジネスも進めていた

田原　堀江さんは、ジョブズじゃないの？

堀江　まあ、わりとジョブズに近いほうかな、どっちかっていうと。考えていたことは同じですもん。

田原　何で、ジョブズになれなかったんだろう？

堀江　日本にいたからじゃないですか。年齢的なもの、時代の問題もあるんでしょうね。

田原　バブルが終わっちゃったから？

堀江　うーん……。やっぱりフジテレビですかね。ソニーを買えていたら、おもしろかったと思うんですけど。

田原　フジテレビに手を出したから。じゃ、ブリンが日本にいたら、とっつかまる？

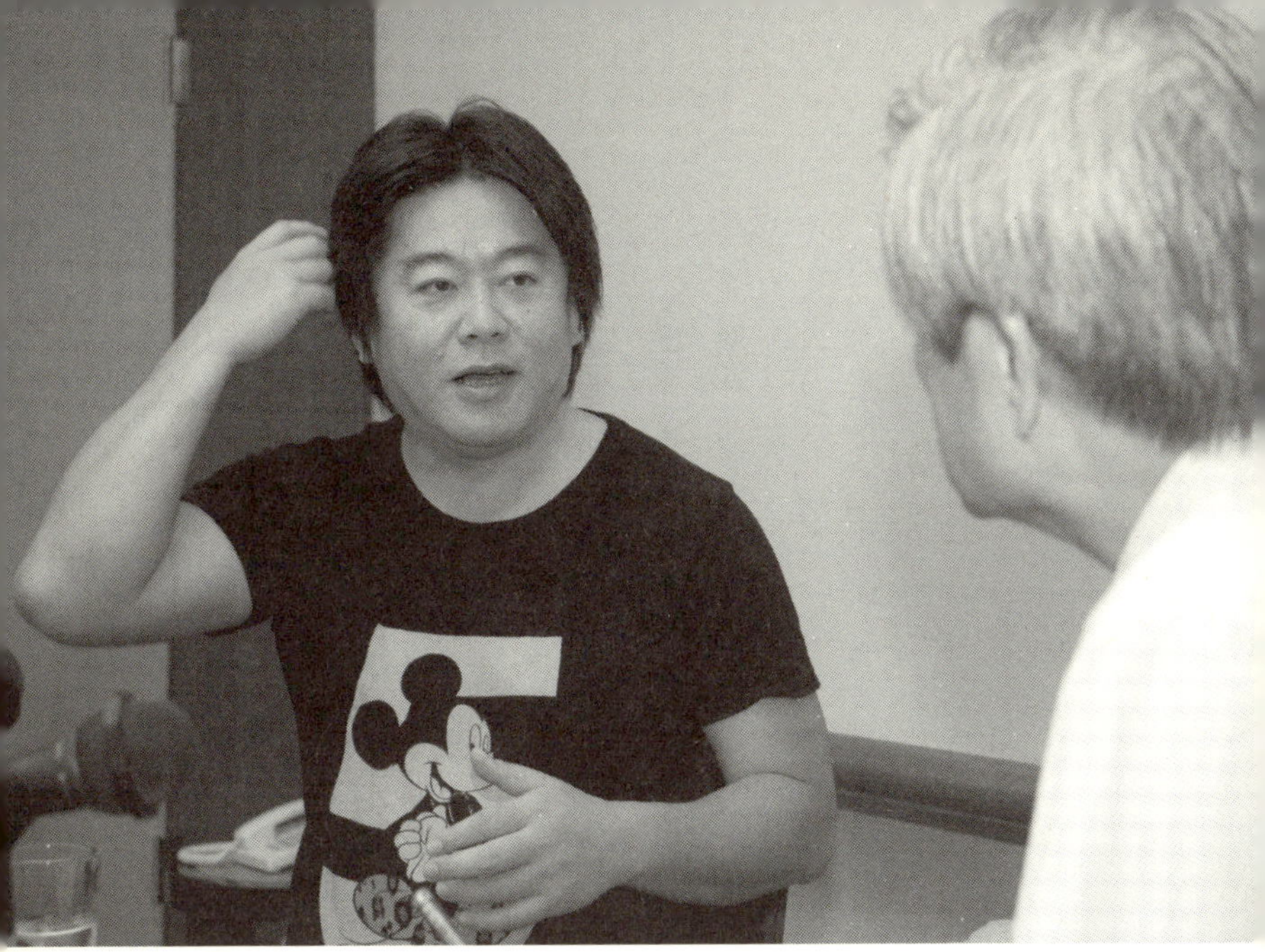

堀江

アメリカという国は、
ビル・ゲイツやジョブズといった人たちをつぶさない。
のびのびと好きなことができる。
たぶんどこの国にもそういう人は絶対いると思う。
ジョブズって変わっているじゃないですか。
でも、ああいう個性が子どものころから
褒められるという文化はある。
日本の場合、僕みたいな
バッシングにも耐えられるような人は、
最後は検察にやられる。
そうじゃない人は、
だいたいニートで引きこもりになって、
心の弱い人は自殺しちゃったりもする。

堀江　どうなっただろう。まず、**大学で研究ができないですよね。おカネがないから。**

田原　スタンフォードにはカネがあるが、東大にはない。

堀江　財団が持っているカネがケタ違いですから。日本でかろうじて近いことをやれているのは慶応大学くらいですよ。

田原　カネは、慶応より東大のほうが多いですよ。一人当たりの研究費が、東大は早稲田大学理工学部の250倍なんです。慶応もそれほど多くないでしょう。

堀江　でも、研究所にカネをかけているんです。慶応の先生方に聞くと、カネがあるから慶応に来たって言っていますから。研究所が大事なんですよ。

田原　あ、学生に回るカネは関係ないのか。

堀江　慶応は日本では多いほうなんだけど、スタンフォードとかCaltech（カリフォルニア工科大）、MIT（マサチューセッツ工科大）に比べたら、予算規模はけし粒みたいなものなんで。**日本は科研費だけだけど、アメリカの場合は軍事予算も入る**し、いろいろなところから補助金や研究費がくるから、使える金額が半端《はんぱ》じゃないですね。

田原　おもしろいのは、**ブリンはいまだにスタンフォードに研究に行っている**んだ。企業と大学の関係が、日本とは全然違うんですね。

堀江　日本もちょっとずつ変わりつつあったんですよ。つかまる前は僕も、理化学研究所とか東大とかに行ったり、東大のバイオ系の研究をスピンアウト（研究開発の成果やビジネスアイデアなどを、発展させて事業展開を行うこと）させて会社を作ったりしていたんです。ずっとやっていたら相当大きなネットワークになっていたと思います。

田原　バイオって、何をやっていたんですか？

堀江　ミドリムシを培養《ばいよう》してサプリメントを作ったり地球温暖化対策をやったりするユーグレナっていう会社です。動物版クロレラみたいなものなんですけど、その研究をやっていた院生と一緒に会社を作ってだんだん伸びてきていたところだったんです。ミドリムシクッキーは日本科学未来館で売っていますよ。クッキー1枚あたりミドリムシが２・２億匹入っているんですよ。そんなのをいっぱい立ち上げようと思っていたんですけど。いわゆる産学連携ってやつですね。

田原　ないね、日本には。

堀江　**大学で得られた知見を産業化し、それで得られたキャピタルゲインを大学の研究に還元していく**って考え方が、全然実践されていない。

田原　ごく最近まで、大学が民間企業と組むのはカネに汚いやり方だ、と言われていた。

堀江　とんでもない話だ、と僕は思います。アメリカの競争力の源ってそこですから。

ビル・ゲイツにもジョブズにもブリンにも、僕は憧れない

田原　ちょっと話が飛躍するけど、アメリカのビル・ゲイツ、スティーブ・ジョブズ、セルゲイ・ブリンといった人たちに、堀江さんは憧れなかったですか？　全然違うの？

堀江　憧れは、あんまりないですね。僕は、こういう生き方をしてみたいというモデルがあってそれを目指すんじゃなくて、**自分はこうしたい、それにはどうすればいいんだろうというのを考える**タイプなんです。だからビル・ゲイツが人間として魅力的かというと、僕は会ったことがないからわからないですけど。メディアで見る限り、ビル・ゲイツみたいな生き方がうらやましいかというと、全然うらやましくないし。ジョブズみたいな生き方がうらやましいかというと、全然うらやましくないし。僕は3人のうちブリンだけには会いましたけど、別にとくには何も感じなかった。

田原　でも、グーグルは、いま世界を席巻しているんですよ。

堀江　まあ、それはそれでいいんじゃないですか。

田原　いいんだけど、そういうふうになりたいとは思わないわけ？

堀江　うん、思わないですね。そういうことをするよりは、**自分が思っている好きなことをやりたい。**

田原　その好きなことから、どこかに飛躍しようという感じはないんですか？　もうちょっとビル・ゲイツ的にとか、ちょっとセルゲイ・ブリン的にやれば、もっと世界のホリエになれるんじゃないか、と僕は思うから聞くんだけど。

堀江　僕は、そのときそのときで、なにかはまっていることがあって、そこに集中しちゃいますね。

田原　近鉄バファローズを買収しようとかフジテレビを買収しようとか。やっぱり堀江さんってカネじゃなくて何か事業をしたい。そういう野心がいっぱいあるんじゃない？

堀江　そういうふうに思うこともあるし、そうじゃないこともあるんですね。いまなんかも、ロケットは打ち上げたいけど、じゃあフェイスブックみたいな会社を作りたいかというと、あんまりそうでもないなと。

上場したら、株主を儲けさせるのが経営者のミッションだと思う

田原　僕はそこが堀江さんの謎なんだ。たとえば孫正義さんが飛躍したのはヤフーと組んだことですね。三木谷浩史さんも中国のグーグルみたいなところと組んでいる。そういう外資と組んで何かガーンとやろうという気はないんですか？

堀江　外資と組んでやる機会がなかっただけじゃないですか。

田原　あんまり組みたいとは思わなかった？

堀江　いや、上場してからの**経営者時代は、株主がいて、株主を儲けさせなきゃいけないというミッションがある**から。それは僕の責任だと思っていましたから。だから**株主を最大限儲けさせるにはどうしたらいいかということを考えていた。**

田原　株式時価総額をいかに大きくするか。

堀江　いや、時価総額をいかに大きくするかじゃなくて。それは結果として時価総額は膨らむかもしれないんですけど、やはり**営業利益を上げていかなければいけない。世界一収益力の高い会社にしていかなければいけない**というのはありましたよね。

田原　ライブドアを世界一収益力の高い会社にしたい、とは思っていた？

堀江　はい。結果として、それに時価総額がある程度は連動していくから、キャピタルゲイン（債券や株式など資産価格の上昇による利益のこと）という形で株主に報《むく》いることができる。**ある程度の規模になったら、そういう安定成長ができるような会社にしていって、安定的に配当を出していこうと思っていたん**です。

田原　堀江さん、常にチャレンジじゃないの？　安定成長なんて求めていたの？

堀江　求めてないです。だって、世界経済というのはキャパがあるわけですよ。無限に広がっていくわけじゃなくて、成長の限界ってあるわけですよ。だから限界までいって、そこから安定成長するという意味ですよ。独占禁止法とかいろいろな法律もあるし、これ以上大きくするのはもう無理だよっていう限界はあるわけですよね。そこからは安定的に配当が出る会社にしたほうがいいですよね、という話です。

営業利益２兆円で世界一の会社になっているはずだった

田原　堀江さんの成長の限界というのは、どれくらいの規模を考えていたの？

堀江　営業利益で言うと、世界一の会社がだいたい年間2兆円とか、たぶんそれくらいですね。

田原　最盛期は、ライブドアの営業利益はどれくらいだったんですか？

堀江　最後は2006年の9月期。その第1四半期が100億円くらいですね。

田原　それを2兆円にしようと思ったわけ？

堀江　四半期で100億円で、その年は500億円くらいの予定だったので、その40倍くらいは、なんとかできるかなと。

田原　何年くらいで40倍？

堀江　2006年から3〜4年です。ちょうどいまくらいですね。

田原　**ライブドアは、いまごろは利益2兆円で世界一の会社になっているはずだった。**

堀江　なっているはずだったんです。アップルはそれができているわけだから、できないことはないです。マックとiPodしか出してない5年前のアップルって、そんなに営業利益はなかったでしょう。10年前のアップルなんて赤字ですからね。

田原　だけどアップルは、iPhoneとかiPadとか新しい物を作るじゃないか。堀江さんは、そういう新しい物を作るという気持ちは？

堀江　いやいや、ありましたよ。だから携帯電話やパソコンでインターネットにつないだりしている人たちがいるけど、最終的には一つにまとまっていまのスマートフォンみたいなものになる、それを僕たちは作りたいと考えて、実際に**それを具体化しようと思って、ソニーの買収計画を発動させた。**

田原　ああ、それがソニーの買収計画。スマートフォンを作ろうとしたんだ。

堀江　そのころソニーの時価総額は２～３兆円だったのかな。僕らがキャッシュで２０００億くらい持っていて、社債でさらに調達して３０００～４０００億円くらいの自己資本を用意する。村上ファンドが何千億か集めて加えると、１兆円はいかないけど、７０００～８０００億円くらいになる。そのエクィティ（資本。株式）でＬＢＯファンド（レバレッジド・バイアウト。企業買収手段の一つ）で借り入れをして、60％くらいの買収をしようと考えていた。

頭の中の未来を現実にインストールするのが経営者である

田原　じゃあ、何でソニーの前に、フジテレビ買収なんてムダなことをやったの？

堀江　それはその前のステップですよ。要は**テレビの力でユーザー数を集めるために、フジテレビが不可欠だなと思ったん**です。

田原　ユーザーを広げたうえでのソニー買収？

堀江　まあ、そうです。フジテレビは失敗したんですけど、会社は有名になったし、ユーザー数はどんどん増えていたから。まあ**チャレンジはいろいろやっただけのことはあった**と思います。

田原　具体的にスマートフォンを作るとき、アップルはスマートフォンの基本設計はするけど、ハードウェアは作っていませんよね？

堀江　それは、アップル以外もいまみんなそうです。

田原　堀江さんのところも、スマートフォンの基本設計はする。

堀江　いやいや、われわれが買収したソニーが基本設計をするんだけど、当然その製造は台湾とか中国がやるんですよ。

田原　なるほど。じゃあ、世が世なら、堀江さんはやっぱりスティーブ・ジョブズになっていたんだ。それならわかりやすい。

堀江　かもしれないです。かもしれないですけど、それは会社のためにやろうとしたことですけどね。**ライブドアという会社のために、僕が経営者としてやるべきことをやるという意味ですね。**

田原　会社のためって何？　株主のため？

堀江　そうです。**株主のためにやるということ**ですよね。僕がやらなきゃいけないという義務みたいなこと。

田原　すると、やっぱり経営者なんだ、堀江さんは。

堀江　経営者としてやろうと思っていましたよ。で、経営者として早く世界一になって、さっさと宇宙開発をやろうかなと。もうそろそろＩＴ企業はいいやと、僕の頭の中では、そういう未来ができているわけですよ。その**頭の中の未来ビジョンを現実にインストールしていくという作業を、ただやっている**だけなんですね、僕の認識としては。だから、はっきりいって「作業」なんですよ。

田原　なるほど。

堀江　何でみんなわかってくれないんだとか、何でみんな使ってくれないんだろう、どうしたら使ってくれる、こんな便利なものがあるのに――というのが、僕がインターネットに出会ってからずっとやってきたことなんです。メールってこんな便利なのに、何でみんな使わないんだろうとか、何でこんなファクスなんてアホみたいなものをいつまでも使っているのかな、とか思いながら。だけどそれを言ったってしょうがないから、「こんなに便利ですよ」と、僕の頭の中にあるものを現実に落とし込んでいく作業を、ずっとしていた。

田原　便利なのに、何で使ってくれないんだと。さっき「お節介」という言葉が出たけれども、堀江さんは、ある意味お人好しで、とてもお節介なんだ。もっと使ってくれよ。ユーザーを増やしたい。それでフジテレビの買収になったわけね。

堀江　まあ、それも、もちろんありますよね。みんなにインターネットを強制的に使わせれば、使わざるをえない状況に追い込めば、使うんじゃないかと思ったりとか。それこそドラマの最終回はネットでしか見られないというくらいにしちゃえばとか、もう単純な発想ですよ。でも**それは「作業」でしかないから、正直そんなにおもしろくない**んですよ。

総花的にやるからソニーはサムスンに負けるのだ

田原　ところでソニーは、何でサムスンにあんなにやられているんですか？

堀江　**資本を集中投下していないから**です。総花《そうばな》的にやっているってことでしょうね。

田原　ちょっと自慢話をするとね。サムスンの会長が1982年に僕を訪ねてきたことがある。僕は当時、知的所有権や特許の問題を取材して、本を何冊か書いていた。それまで韓国には、法律はあるにはあったがむちゃくちゃな状態だった。それでサムソン会長が、海外に出たいから特許について教えてくれと訪ねてきた。そのサムスンが、こうも巨大になっちゃった。

堀江　彼らは時代の波を読んでいたんでしょう。1980年代以降、何が変わったかっていうと、マイクロチップが生まれた。たとえばインテルの4004。

田原　だって、インテルにああいうことをやらせたのはもともとは日本の会社ですよ。

堀江　そうですね。エンジニアにも日本人がいましたね。

田原　日本のビジコン社の嶋正利。日本人が電卓用演算装置として発注して、共同開発した。それなのに、何でインテルだけが成長して、日本は全滅したの？

堀江　だから、**将来は汎用《はんよう》プロセッサの時代であるとインテルは先を見通していた。**汎用プロセッサの最初が4004なわけです。インテルは汎用プロセッサ、CPUしかやらなかったからですよね。

田原　何で日本は、ＣＰＵができずに、メモリばかりやっていた？

堀江　いや、ＣＰＵもメモリも半導体もパソコンも、何から何までいろいろ全部いっぱいやっていた。変なオフコン（オフィス・コンピュータ）なんてやめちゃえばよかった。

田原　日本の企業は、一つのものに特化できないんだ。

堀江　オフコンとか産業機械とかハードディスクとか、インテルは作ってないでしょう。

アップルの戦略は、時代に合ってようやく花開いた

田原　インテルはＣＰＵに特化した。アップルは？

堀江　**ハードとソフトを一緒にやる**ことが、ずっとジョブズのポリシーです。それがやっと花開いたんです。**アップルの戦略が時代に合って、すごく当たった**んです。いまや、デバイスを製造するのはＥＭＳ（Electronics Manufacturing Service）といって台湾や中国にある巨大な外注工場なんです。スマートフォンも、全世界のメーカーがこれに発注している。

田原　ＨＰとかＤＥＬＬとか、パソコンもそうだね。

堀江　そうなんです。だからスマートフォンは、iPhoneがいちばん強くなるはずなんです。なぜならiPhoneはiPhoneしかないから。アンドロイドのマシンって日本のパナソニックもシャープも、韓国のサムスンもLGも出すわけです。そうしたら、どう考えても台数のケタが一つ違うわけです。iPhoneは10億台発注できても、ソニーのアンドロイド機を1億台発注するのは、これはキツいでしょう。

田原　アンドロイド陣営は、どうしてもばらけるわけね。

堀江　そうそう。**iPhoneは1機種しかないから、大量発注でき単価を安くできる。**それと、**アンドロイドは、デベロッパーのことをまったく考えていない**んです。

田原　どういうこと？

堀江　アンドロイドのプラットホームでソフトを作ろうとすると、全世界で何十機種どころじゃない機種が出てて、しかも全部バージョンが違う。**あるアプリを作ったら全部テストしなきゃいけないん**です。そうしないとクレームが殺到してしまう。アプリの検証を専門にやっている会社すらある。でも**iPhoneだったら、バージョンがいくつかしかない**から、テストが簡単なんです。

しかもiTunes時代からずっとやっているネット決済できるアカウントがあるわけ

です。これでアプリも売っているわけです。アンドロイド陣営は統一してないから、アプリもばらばら、やっぱり売りにくい。アンドロイド陣営で共通する決済サイトをつくろうという動きはありますけど、僕は難しいような気がするんですよね。だから、**アップルの戦略はうまくいきすぎていて、当分ライバルは現れない**ような気がします。

古いデバイスはどんどん捨てればいい

田原　もう一つ聞きたい。僕はｉＰａｄを買ったんだけど、何の解説書もないですね。

堀江　それも大事なこと。だってね、携帯を買ってマニュアルを読むやつなんかいないじゃないですか。だから、**読まなくても何とかなるインターフェースにしている**んですよ。そこがすごく大事。だって、あんな分厚いマニュアル読みたくないじゃないですか。何でこんな勉強しなきゃいけないのよ、と思うじゃないですか。

田原　うん。ジョブズのところのはね、みんなないんですよ。

堀江　まあ、彼らがずっとやっていることっていうのは何かっていうと、**先進的なデバイスを使わざるをえないような状況に追い込む。古いデバイスを捨てていく**というところが彼らの特徴で、世界で初めてフロッピーディスクを捨てたのはアップルです。実際、フロッピーディスクなんかいまは誰も使ってない。使っているのは検察くらいのもんですよ。

田原　なるほど（笑）。アップルのｉＰｈｏｎｅはわかる。何でｉＰａｄは携帯の機能をなくしちゃったんですか？

堀江　携帯の機能はついていますよ。田原さんの機種についてないだけですよ。

田原　あ、そうか。日本では、ｉＰａｄはあんまり売れてないんじゃないの？

堀江　まあ、だからｉＰｈｏｎｅです。日本人はどっちかって言うと、指、小さいし、小っちゃいのが使えるんですよ。小ちゃいのが好きなんで、たぶん多くの人はｉＰｈｏｎｅを買っちゃうんだと思います。ただ、ある程度年齢がいった方は……。

田原　年寄りは、大きなｉＰａｄがいいね。

堀江　「何でｉＰａｄを使っているんですか。ｉＰｈｏｎｅでいいじゃないですか」って聞いたら「老眼なんだ」って。ｉＰｈｏｎｅはちょっと小さいみたいですね、老眼には。

田原　思想というか、考え方のパターンで言うと、やっぱり堀江さんは、ビル・ゲイツじゃなくて、ジョブズなんだね、どっちかと言えば。

堀江　うーん、どうなんですかね。会ったことがあるわけじゃないんで。そうかもしれないですね。僕は、ハードウェアのことはそんなにわかんないですけどね。彼らの知見というのはやっぱりすごいですよね。アップルのデバイスをずっと見ていると、携帯電話との違いがすごくわかる。僕、携帯ではあんまり写メを撮らなかったんですけど、スマートフォンになってから相当撮っていますもん。すごく手軽に撮れちゃう気がするんですよね。

田原　iPhoneが携帯を抜いちゃう？

堀江　当然抜くでしょうね。っていうか、**全部スマートフォンになっていく**でしょう。

iPhoneの先には、こんな世の中がやってくる

田原　iPhoneの先は、どうなるんですか？

堀江　**iPhoneの先はBCIです**よね。もう、デバイスも持たなくなると思います。

田原　BCIって、何？

堀江　**ブレイン・コンピュータ・インターフェイス**。脳内にチップを埋め込むみたいな。

田原　脳内じゃ、こんなスマートフォンすらも、一切持たないわけ？

堀江　たとえばの話ですよ。コンタクトレンズみたいなものに有機ELのディスプレイが

ついていて、体の中から微弱な電力を供給しつつ、脳で考えたことがディスプレイに映し出されるとか。まあ、いろんなことが考えられると思います。

田原　それはね、孫正義が僕に言ってたの。去年言ったんで、いまから8年後には、人間の脳細胞の容量をコンピュータ・チップが抜くと。すると、いままでは人間が問題を出してコンピュータに問うていた。これからはコンピュータ自身が問題を出すようになる。だから、まさに**脳細胞で考えていることが、チップを付ければわかる**と。

堀江　で、そのあとがどうなるかっていうと、恐らく**人と人が融合していく**ような気がするんですよ。

田原　いや、だから怖いのはね、たとえば僕が堀江さんにこうしゃべっているけど、実は田原は口で言ったことを考えてないと。本音はこうだというのがわかってくる。

堀江　まあ、本音がわかるかもしれないし、本音のところをブロックするような、プロテクト・システムができるかもしれないし。僕は、たぶん全部開放したほうが楽しいと思いますけどね。

田原　僕なんか全部開放しているけれども（笑）。ハードウェアはなくなるわけですね？

堀江　なくなっていくんじゃないかなあと。

田原 なくなると、どういうビジネスが出てくるんですか?

堀江 ビジネスのスキームというのは変わらないと思うんですけど、社会が変わる。

田原 考えていることが全部伝わっちゃう。どう変わる?

堀江 そこまではわかんないんですけど、まず、**しゃべらなくなる。**だから、**口が退化していくんじゃないですか。**口とか目とかから退化していく。で、社会のあり方も変わっていくんじゃないですかね。

田原 どんどん人間が退化していくわけだ。

堀江 退化かどうかはわからないですよ。口が退化することが退化なのか進化なのかなんて、それは、わかんないじゃないですか。

田原 テレビに政治家が出てきて、みんな黙っているわけね。すると、こいつは何を言いたいか、全部わかっちゃう。

堀江 瞬時にわかるようになって、もしかしたら、すごく意見が強い人が世の中を支配しているかもしれない。たとえば映画『マトリックス』みたいになるかもしれないですよ。あの映画では、みんなエージェント・スミスにババババッて変わっていく。意志薄弱な人っていうのは、ああなっていくかもしれないですよね。あるいは、『マルコヴィッチの穴』

って映画みたいに、要は何百年も生きている老人と一緒にみんなが穴に入っていくわけですけど、自分のアイデンティティってものがどんどん希薄化していく。いつのまにか、自分が吸収されてなくなってしまう感じになっちゃうかもしれません。

新聞はなくなり、「スマートテレビ」が席巻するだろう

田原　メディアは、どうなりますか？　新聞とか、テレビとかは。

堀江　衰退していくんじゃないんですか、**もう新聞はいらないでしょう**。僕は新聞を読まざるをえないですけどね、塀の中では。**テレビは、インターネットに吸収されていくん**でしょうね。これは恐らく、「スマートテレビ」が世界を席巻するプロセスです。

田原　だけど、テレビでしゃべる必要がないわけでしょ？

堀江　いやいや、いまのは今後2～3年の話ですよ。将来的には大画面テレビなんかなくなって、コンタクトレンズかサングラスみたいなものに映し出される。そういうふうになると思いますよ、最終的には。スマートテレビは、たぶん海外のどこかの会社がすごいものをつくって、日本人も「あ、これ、いいじゃん」とみんな買うようになって、地上テレ

ビ放送を、それで見ることになるんでしょう。

田原 大きさはスマートフォンくらいの？

堀江 ｉＰａｄと同じか、もっとでかいテレビですよ。それをみんなが「お、これって。すっごいスマートだよね」って使うようになる。

田原 ちょっと待って。スマートテレビは、いまのテレビとどこが違うんですか？

堀江 何が違うかというと、**リモコンがない**。で、**音声認識で検索ができる。**

田原 しゃべればいいんだね、うん。

堀江 で、要はシームレスにどんなコンテンツも見られる。タイムシフトというか、決まった時間にこの番組を見なきゃいけないとかいうことも、もちろんなくなる。

田原 いまはセットしなきゃいけないんだけど、どうする？

堀江 そんなもの、オンデマンドにすればいいじゃないですか。そういうすばらしいインターフェースができて、パーソナルなテレビになっていくわけです。

田原 テレビってね、何もしてなくていいんですよ。完全受動。人間はやっぱり怠け者でね。ぼやーっと座っていたらなんでもわかるっていうテレビが、残るんじゃないの？

堀江 だからスマートテレビは、それをもっと進化した形で見せるんですよ。どういうことかっていうと、僕はテレビの何が不満かっていうと、自分でチャンネルをザッピングしなきゃいけないのが面倒くさい。だから、勝手に自分がいま見たいものを流してくれりゃいいじゃないですか。テレビの側が「これがいいんじゃないの」って。

テレビのほうから、視聴者の見たい番組を選んでくる

田原　あ、自分の見たい番組をね。見たいなって思うのが、スッと流れるようになるわけね。それは何で合図するんですか？

堀江　合図しなくてもいいんです。たとえば、いままで見ていた視聴行動を全部分析することもできるし。何となく今日は、なんか良質なドキュメンタリーが見たいなということを考えていたら、それを察知してくれるとかね。この人はこの時間帯にこんなシチュエーションでこういう番組をよく見ていたなっていうのは、全部記録が残っているから。

田原　あ、わかるわけだ。

堀江　**パーソナルデータが残っている**わけですよ。だから、**この人はこういうふうに考えているに違いないってことが、まあ確率的にわかる。**もちろん間違う場合もあるんだけど。

田原　朝はいつもＮＨＫニュースを見て、気象情報が終わったら見るのをやめる。そういう人のスマートテレビは、それを勝手に見せて自動的にスイッチを切るのか。でもねえ、それは人間、怠け者になるなあ（笑）。主体的に選択はしないの？

堀江　それもできます。**田原さんの番組を見たいと思ったら「田原総一朗」と言えばいい**んです。すると番組がバーッと出てきて、視聴率の高い順に並ぶわけですよ。新しい順でも、すぐに並び換えられる。「田原総一朗　原発」と言えば、それに関係する番組が出る。そういうふうになると思いますよ。そもそもテレビを見る時間が少なくなっているから、出来のよい番組だけ見られりゃいいんですよ。僕もツイッターでいいよって言われたような映画とかドラマしか、テレビは見ていませんよ。

田原　なるほど、なるほど、なるほど。

堀江　フェイスブックやツイッターと連携して、友だち登録やタイムライン登録をしている人たちが見ている番組を並べて、見せりゃいいんですよ。それはいまの技術ですべて実現可能なんです。だから、絶対どっかが作ってきますよ。

新しい形の直接民主制で、政治家はいらなくなる

田原　で、そうなると、政治って何をやるの？

堀江　僕は、政治の究極的な機能、最後に残る機能って、**所得の再分配**くらいだと思うんですよね。そういうものだけがあればいい政治システムというのが、登場してくるんじゃないかなと。**政治家はいらない**と思うんですよ、最終的には。

田原　どういうこと？

堀江　たとえば、僕の知り合いでサルガッソーって会社をやっている鈴木健さんの提案があるんです。要は直接民主主義とかを実現するために、自分が持っている票を分割して、人に委任するシステムが、インターネットでできるわけですよ。

田原　分割、委任するって、どういうことですか？

堀江　いまだったら衆議院選挙のとき、みんな一人1票しか持ってない。で、僕だったら東京1区なんで、候補者は与謝野馨さんと海江田万里さんしかいないわけです。そうすると、はっきり言って、どちらも僕にはそぐわないわけです。だから、選択肢がない。そう

いうのって困るじゃないですか。そもそもこの二人は、どちらが落選しても比例区で復活当選ということになるんで、選挙やる意味がゼロなんですよ。

だけど、議員なのか知識人なのか有名人なのか、誰でもいいんだけれども、そういう人に対して、「あ、この問題については田原さんと意見が合うな。じゃ、自分の票を田原さんに20％分割して預けよう」とか、そういうことができるようになる。１００人に１％ずつ渡してもいいし、もう僕は全面的に田原さんを信頼しているから１００％田原さんに渡すという人がいてもいい。これをネットワークしていくと、**自分が直接投票したい人は直接投票すればいいし、面倒くさいから誰かに任せたい人は分割・委任すればいい**と。最終的に**1億人がネットワークできれば、実は直接民主制って、事実上運用できる**んですよ。

政治家なしでね。

田原　なるほど。

堀江　実際、文科省とかで副大臣の鈴木寛さんとかが試験的に運用しているんですけど、ネット上の掲示板とかを使って法案の審議っぽいことをやっているわけですよ。議論に積極的に参加したい人は、どんどん参加すりゃいいんですよ。ネット上で参加できるようにして議論が尽くされたら、さあ、この法案に対して賛成か反対か。本当は全国民が意思表示すればいいんだけど、面倒くさい人は、誰かにあらかじめ票を渡しておくわけです。
　そうしたら、ほとんど直接民主制と同じことができるでしょう。すると政治というのは、数万人なのか数十万人なのかわからないけど、すごく参加意識の強い人たちがボランティアでやっていくことになる。それを新しい政治家と呼んでもいいけど、これまでのような政治家はいらない。

インターネットが直接民主制を可能にする

田原　どうやって意思表示するんですか？

堀江　全国民に自分のＩＤがあるわけです。ソーシャル・セキュリティ・ナンバーがあって、それを使って**誰々に何％委任するということを、ちゃんと決められるようにしておく**わけです。

田原　でも、国民のほとんどはそんなの面倒くさいから……。

堀江　だから、誰かに任せるわけです。すると国会議員の選挙をする必要がないでしょ。別に隣のおじさんでもいいんですよ。田原さんでも、みのもんたでもいいんです。

田原　そうなると、政治のプロフェッショナルが出てこないんじゃないかな？

堀江　そっちのほうが、プロフェッショナルは出てくるんじゃないですか。だって何回も選挙に出たい出たいと言って落選する人たち、いっぱいいるじゃないですか。ああいう人たち、すごいやる気があると思いますよ。だけど、毎回毎回いろんな理由で落ちちゃうわけです。たとえば知名度がないからっていう理由で、やる気はあるのに落ちちゃったりとかする。選挙って結局、人気投票ですからね。

田原　堀江さん、いま大事なことを言った。なぜ世界中が直接民主主義じゃなくて間接民主主義なのか。間接民主主義の議会や政治家は、まさに道具なんですよね。つまり直接民主主義をするのは不便すぎるから、道具として置いてあるだけなんだ。

堀江　そうそう。ただ**インターネットも出てきたから、いまの技術で直接民主制に近いことが、かなりできる**でしょうと。だから、やればいいんですよ。やれば選挙はいらなくなるし歳費も必要なくなります。議員が集まる必要もなくなって、非常に効率化したシステムができますよね。

相手が直接、目の前にいるかどうかは本質的な問題ではない

田原　ちょっと、そこ聞きたい。集まる必要はないんだけど、僕はやっぱり**会話っていうのは、殴れる範囲に相手がいないと、会話にならない**と思っているんだ。

堀江　だけど、殴れないでしょう、国会では。

田原　いやいや、殴れるというのは、人と人の距離の話。つまり、つばをひっかけて、つばが相手にかかる。人と人が会って本音で離す距離が問題。

堀江　そうすかね。僕はそんなことよりも……。

田原　基本的に会話ってのは、こうやって堀江さんと会って成り立つものだと僕は思う。僕は殴る気はないけど、殴ろうと思えば堀江さんを殴れる。つばもひっかけられる。これがフェイス・トゥ・フェイスだと思うんだ。危害を加えようと思えば、可能ということが大事だと思う。

堀江　そうではないと思いますよ、僕は。いま普通にテレビ会議とかやってるじゃないですか。

田原　あれ、インチキだと思う。

堀江　いやあ、そんなの（笑）。それインチキって言い出したら、ちょっと、きりがないと思いますよ。

田原　いやいや、いちばんインチキはね。いま携帯が出てきて……。

堀江　これは、**すごく大事なことだから言いますけど、おっしゃっていることは本質的ではないですよ。**僕がこうやって田原さんと話している。これって、たまたま目とか口とか耳とかっていうデバイスがあって、それを使ってフェイス・トゥ・フェイスで話している。情報の伝送路は結局ニューロンでつながっているわけですけど、伝送路の途中にワイヤレスの部分があったって、別にいいわけじゃないですか。ワイヤレスの有無による違いって、僕はないと思います。

田原　具体的にね、いま新聞やテレビの取材力が何で落ちたか。いま劣化しているんですよ。つまり記者が携帯で国会議員に質問しちゃうんです。すると、携帯というのは、いいかげんに答えりゃいいんですよ。だから、もう新聞やテレビのニュースは、全部いいかげんなんですよ。政治家から本音を引き出そうと思ったらね。やっぱり殴れる範囲で聞かなきゃダメだと思うんだ。

「現実」というのは、バーチャルの世界でしかないのだ

堀江　それは、**使うデバイスが、もっとリッチになればいいん**じゃないですか。電話が何でプアかっていうと、音声でしかコミュニケーションをしてないからですよね。だけど音声だけじゃなくて、メールだったりとか、ビジュアルのテレビ会議だったりとか、そういうのも含めてリッチになればなるほど、現実に近づく。それは技術の進化によって可能になると思いますよ。

田原　いや、たぶんここが、年齢の差になってくる（笑）。僕は、ここだけは頑固なの。絶対フェイス・トゥ・フェイスで、相手を殴れる範囲で会話しなければ。

堀江　いやいや、そうじゃなくて。じゃ、たとえば田原さんの目の前に、僕の脳だけがないクローンがあったとして、僕はどっか海外とかにいてワイヤレスで結ばれていたら、どう思いますか。絶対に会話が成り立ちませんか。成り立つでしょう。

田原　僕はね、基本的にテレビ会議は信用しないんだ。ワイヤレスって、バーチャルだけど、そこにいるように見えるということ？

堀江　そうです、だって、人間は脳で知覚しているわけで、現実にここにいるような感じがしていて、実はいないかもしれないんですよ。**『マトリックス』って映画は、それをすごくうまく端的に表しています**けど。要は**「現実」って何なん**だっていう話なんですよ。

田原　そこ。そこが問題。

堀江　だから**現実っていうのは、僕は、結局のところバーチャル**だと思うんです。それは**脳がつくり出している世界**にほかならない。僕は、デバイスが進化すれば、田原さんのおっしゃるようなことが普通に、バーチャルでできるようになると思うんです。

田原　スカイプってインターネットを使うテレビ電話がありますね。常時接続のネット代しかかからないから、海外との通話でも国際電話のようにコストを意識しなくていいと。ああいうものがどんどん進化して、リアルになっていくってこと？

堀江　そう。僕はそれがもっともっと進化していくと思うんですよ。デバイスがどんどん進化していますから。たとえば映像は網膜ディスプレイなのか、コンタクト有機ＥＬなのかわかんないですけど、そういうもので見る。音声は骨伝導ヘッドホンのようなものが発展して、小さな補聴器みたいなものを耳につけるだけで、簡単に電話ができたりすると思うんですよ。相手の電話番号なんか、調べなくても相手の名前をつぶやくだけで、勝手にかかる。そうすると相当変わりますよ。

田原　僕は古いからね。いろんな政治家と電話で話をするんだけど、結局1時間くらい話して、「やっぱり会って話そう」となる。最後に、必ずそうなるんだ。で、実際に会うから、携帯だけを使う記者たちが知らない話を聞くことができるんだよ。

堀江　それでも、変わると思います。技術革新で変わると思いますよ。

田原　そこが堀江さんのほうが、自信を持っている。

テレビのリモコンから数字が消えると困るのは誰か、を考えてみよ

堀江　まあ、別に変わらなくてもいいんですけど、たぶん変わりますよ。そこで、社会のパラダイムシフトが起こると思いますよ。

田原　そうするとね、新幹線なんかあんまりいらないかもしれないね。

堀江　ああ、いらなくなるかもしれないですね。

田原　何年くらいで、そうなりそうですか？

堀江　予測がつかないことが起こって変わるんですよ。だから、そうなるとは思いますけ

ど、いつかってことまではさすがにわからない。それより目先では、先ほどのスマートテレビでテレビが変わるっていうのを、すごく期待しているんです。

田原　スマートテレビは、何年後に出てくる？

堀江　2〜3年のうちに、アップルが作ってくるんじゃないかなと。ただ僕が言っているのは、いまのテレビというデバイスのオルタナティブ（代替物）であって、意思伝達とかは現在のようなスマートフォンでいいと思いますよ。ただ、メディア業界が大きく変わるきっかけには、なるんじゃないかなと。

田原　何で？

堀江　地上波テレビを支配しているものが何かっていうと、実は**テレビのリモコンのチャネルだ**と思っているんですよね。**リモコンに1から12までしか数字がないということ**が、実はもっとも重要なんじゃないかなと思っていて。このリモコンがなくなることが、地上波のマスメディアにとっていちばん痛手になるだろうと思う。

田原　痛い痛い。それは痛手。地上テレビ放送は全局が絶対反対（笑）。

堀江　だけど、それは外圧には絶対負けちゃうと思いますよ。だって、外圧でそれをやられちゃったら、みんな買うんじゃないですか。ねえ、アップルのスマートテレビを買うなとは、さすがに言えないでしょう。

音声認識・翻訳技術の向上で世界中のテレビが楽しめるようになる

田原　ちょっとさっきの話に戻るけど、頭で考えていることがみんなわかっちゃうとする。そのとき言葉ってどうなるんだろう？　英語と日本語みたいな区別は、なくなるのかな。英語で"Stand up."と言わず、日本語で「立て」とも言わず、頭の中で思うだけだよね。すると言葉って、どうなるんだろう？　言葉は違っても、意思は同じだよね。

堀江　まあ、意思を伝達するための中間的な通信プロトコルがどうなるか、にもよるでしょうね。思っていることを言語化する必要があるのかどうか。

田原　だから、言語化する必要がなくなるんじゃないか？

堀江　人間が言語を発するプロセスとも密接にかかわり合ってくると思いますんで、その研究にもよりますよね。あと、いま翻訳技術が急激に進化していることが、すごくまたかかわってくるんじゃないでしょうか。音声認識の技術がものすごく向上しているんですよ。グーグルの検索で、言い間違えのデータベースを蓄積することによって、音声認識の精度がものすごく上がったんですよ。実は人間も脳の中に失敗のデータベースを持っていて、どうも言語認識をしていると考えられるんですよね。

グーグルの音声認識って非常に精度がいい。昔のカーナビで住所とか言ったときとか、全然精度が悪かったんですけど。グーグルの音声認識は、ほとんど聞き間違えがないんですよ。さらに翻訳も精度がよくなっている。だからユーチューブのビデオとかって、中でしゃべっている言葉がほとんどの主要言語に翻訳されているんですよ。

田原　なるほどね。

堀江　グーグルなんかも、その気になれば、スマートテレビで全世界のテレビ番組を流せるようになりますよ。すべての映像コンテンツを楽しめるようになる。

テレビ業界はとっくに最終局面に入っている

田原　そうすると、表現が単純化していくんじゃないか。全世界共通のものばかりが広がって、なんかのっぺらぼうな世界にならない？　持って生まれた作家的な表現ってあるでしょう。そういうものは、だんだん必要なくなるのかな？

堀江　逆に多様性が増すんじゃないですか。そこはロングテールになる。いまの日本のテレビだって横並びで、全然のっぺらぼうな世界じゃないですか。グーグルやアマゾンが何をもたらしたかというと、ロングテールを可能にしたんですよ。

田原　ロングテールというのは、アマゾンで本が売れた冊数順に棒グラフを描くと、右のほうがものすごく長い尻尾《しっぽ》のように、延々と続くんですね。尻尾の先のほうは発行部数が非常に少ない本や、ほとんど知られていない著者の本で、多くの書店には置かれていないんだけど、アマゾンやグーグルの登場によって日の目を見ることになった。テレビも同じように多様性が広がると。

堀江　これまでまったく商売にならなかったものが商売になっちゃったりとかして、むしろ多様性が増す気がしますね。テレビ局が東京キー局5局しかないみたいな話だと、みんな横並びで同じようなコンテンツを流しちゃうわけじゃないですか。

田原　リモコンなしのスマートテレビは、世界中のテレビが何百チャンネルも映る。**日本のテレビ局の未来は、大変だ**なあ。

堀江　だから、テレビは大変なんですよ。僕はそれを5年前から言っているんですよ。日本のキー局はそれを頑張って防いできたんです。本当はＣＳ（通信衛星）が出てきた90年代に、そうなる予定だったんです。そうなってない国は、世界で日本だけなんです。みんなケーブルテレビか衛星放送になっちゃったんですよ。何百チャンネルってあるから1局当たりの広告収入が激減するわけですよ。

田原 そりゃそうだ。

堀江 それがイヤでイヤで、もうずーっと**総務行政や電波行政にも口を出して必死に守ってきたん**です。すごいですよ。外資から守り、買収から守り、なんとか地デジまで持ち込んで、頑張っているわけですよ。

田原 地上デジタル放送って、多チャンネル化からいかに守るかって話だものね。

堀江 そうです、そうです。だからもうムダ以外の何物でもないんですけど、ものすごい頑張ってこれまでやってきた。そこにインターネットの波がきてグローバル化の波がきて、さあ、どうするのかっていう最終局面。これ、守りきれないでしょう。たとえばプロ野球は守りきれなかったんですよね。

プロ野球を魅力的コンテンツにする方法はこれだ

田原　プロ野球は守りきれなかった。どういうこと？

堀江　プロ野球は、もうどんどんほころびが出てきている。テレビも同じなんですよ。**既存の利権にあずかる人は、寡占《かせん》の構造を維持することが大事**なんです。僕は奇《く》しくもプロ野球とテレビ局っていう寡占の構造に風穴を開けたんですよ。

プロ野球はもう完全に風穴が開いてしまったから、行動する人がいれば大きく変わるんです。なぜなら、僕らがやったことでいちばん重要だったのは、プロ野球に新規参入のルールを作ったことだから。

いま、あまり名前は知られていないけど資金力がある新興企業が4社集まって、4球団分まとめてプロ野球申請を出したら、断れないと思いますよ。いまある12球団を16球団にして、セ・リーグとパ・リーグを東西に分けて四つのグループにして、それぞれがシーズン戦を戦い、ポストシーズンには上位2チームずつ合計8チームがプレイオフを戦うっていったら、コンテンツとしては魅力的ですよ。世論も絶対、応援するでしょう。

田原　だけど、選手のギャラは下がるね？

堀江　僕は逆に上がると思う。

田原　そうかな？　だって人数が増えるじゃない。

堀江　プレイオフがおもしろいんですもん。いまのプレイオフって全然おもしろくないじゃないですか。「ペナントレースを戦ってきた上位3球団がまたやるのか。長い戦いは何だったんだよ」みたいな話じゃないですか。

だけどアメリカのメジャーリーグのポストシーズンって、ものすごく盛り上がる。同じように魅力的なコンテンツだから、放映権がすごく高く売れると思うんです。それと抱き合わせてレギュラーシーズンの放映権も売れれば、日本のプロ野球ビジネスは、もっと拡大すると思うんですよ。

第5章

ある日突然、東京地検特捜部がやってきた！

検察は、僕を本当に悪い人間だと思い込んでいた

田原　ここまでの話を聞いていると、堀江貴文という男は、生真面目でお人好しで、ちょっとお節介で、でも恥ずかしがり屋で、日本のスティーブ・ジョブズになってもおかしくなかったと思うんだけどね。その堀江さんを、何で検察は狙ったんだろう？

堀江　一つは、テレビ局じゃないですか。**テレビ局が僕のイメージを植えつけた。**もう一つは、**僕がみんなに気に入られるような努力をしなかった。**「嫌われてもいいや」と思っていたということです。この二つだと思いますね。

田原　嫌われるような、どんなことをやった？

堀江　**ストレートな物言いをする**とか、**おかしいと思っているものをおかしいと言う**とか。ちょっと正直に言えない雰囲気ってあるじゃないですか。でも、それを無視して言っちゃう。そうするとやっぱり嫌われるわけです。でも「**嫌われても別にいいや**」と思っていたんですよね。何でそう思っていたかというと、嫌いなやつが俺のまわりに集まってこないから、そのほうがいい。「もっと人当たりをよくしなさいよ」って言われるんだけど、そ

れって疲れるし、ストレスだし、イヤじゃないですか。

田原　人当たりをよくしないから、近鉄バファローズを買収できなかった。

堀江　まあ、そうなんでしょうけど。でも、たまにそういうのをわかってくれる人もいるじゃないですか。人当たりをよくして、有象無象《うぞうむぞう》が近寄ってくるのがイヤだったんです。どうでもいい人とはしゃべりたくないし、交流もしたくないというのがあって、わりと、わざと嫌われているというか。

だから、僕を最初に取り調べた東京地検特捜部副部長の中原亮一さんという検事が、「堀江くんは、けっこう露悪《ろあく》家なんだね」と何度か言った。

田原　本当はいい人なのに、と。

堀江　なんだ、思っていたのと違うじゃん、みたいなことをよく言っていました。

田原　その特捜検事は、堀江貴文というのは悪人だと本当に思っていたんだ。

堀江　悪いやつだ、と思っていたんですよ。だから「露悪家なんだね」って言ったわけですよ。「露悪家っていう言葉、初めて聞いたな」とか思って、なるほどと思いましたね。

田原　本当はいいやつなのに、露悪に検察が引っかかったんだ。本当に悪い人間だと思っちゃったんだ。堀江さんはいいこともいっぱいやっているんだけど、これからは偽善家でいくの？　それとも露悪家？

堀江　僕ですか。いや、だから最低限、**検察ににらまれないようにしたい。**検察官が「あいつは悪いやつだ」と思わないように生きていこうと思います。

田原　それが今回の反省ね。

堀江　はい。それはもう、**人生最大の反省**です。

田原　露悪をやりすぎたんだ。

堀江　検察官に悪いやつだと思われると、まずいなと。とにかく検察官だけは、本当にどうしようもないですね。

メディアはネガティブ・キャンペーンを張り続けた

田原　テレビ局は、堀江さんのイメージをどう植えつけた？

堀江　たとえば、日本テレビに問題記者がいた。いまは飛ばされているんですけど。フジテレビの買収をしようとしていたとき、この記者がセッティングして『きょうの出来事』っていう番組に出たんですよ。夜11時頃のニュースだから、なんか軽食とかが出てお酒を飲んでいた。そこで、僕がイライラするような質問をされたんです。

田原　どんな質問ですか?

堀江　一応は夜の看板ニュース番組だけど、10の質問にイエスかノーで答えろと。「ニッポン放送やフジの番組内容に口を出す?」「でも、(私の好きな)〝氣志團〟の番組は多くなるかもしれない?」とか聞く下劣さ、レベルの低さに、もう「えっ?」と思って。しかもキャスターが古舘伊知郎とかみのもんただったら「まあ、しょうがねえかな」と思うんですけど、わりとまじめそうな男女のアナウンサーでしょ。僕、もうブチ切れて、「もう帰りますよ」って言ったんですよ。話にならない低レベルの質問ばかりで「誰ですか。こんなバカな質問を作った人は」という感じ。この映像、ずっとユーチューブとかに上がっていたんです。

田原　ブチ切れて、なにか決定的なことを言ったの?

堀江　もう覚えてないですけど、見ていた人はすごく印象が悪かったと思いますよ。

さっきの問題記者が「女子アナを呼んで飲み会やろう」と言って、僕もアホだから行ったことがある。そしたらテーブルの下に隠しカメラが仕込んであって、全部収録していて、僕が捕まったあとにオンエアしたんですよ。これはさすがに問題になったけど。

テレビ朝日の場合は、美人記者がいろいろ心配するふりをして電話してくる。こっちも弱っているから電話に出るでしょう。すると勝手に録音して放送してしまうんですよ。

田原　そりゃひどい。

堀江　**テレビ局は、そうやってネガティブ・キャンペーンをずっと張っていて、だんだんイメージが悪くなっていった。**それでも好きな人は好きだし、僕は別にどうでもいいと思っていたんです。でも、どうでもよくない人たちがいた。**そういう番組を流されるやつのところに検察が来る**んだ、ということがよくわかった。

村上世彰さんが阪神を買収していれば、もっと強いチームになっていた

田原　堀江さんは2006年1月、証券取引法違反容疑で東京地検特捜部に逮捕されてしまった。財務担当の宮内亮治取締役、ライブドアマーケティングの岡本文人社長、ライブドアファイナンスの中村長也社長も同時に捕まった。検察が来るまでは、まさか検察が来るとは思わなかったんですか?

堀江　はい。**まったく思わなかった**ですね。だから最初は冗談かと思いましたもん。ニッ

ポン放送買収のときも「なんか地検が動いていたらしいよ」なんて話を聞いたけど、「**バカ言うなよ。違法行為なんて一切してないんだから、やられるはずないだろう**」って話していたわけですよ。村上ファンドの村上世彰さんも阪神を買収しようとして検察にやられちゃったわけだけど、あれだっておかしいなと思うのは、村上さんが阪神の経営をしたほうが僕はいいと思うんですよ。

田原　それは僕も、そのほうがいいと思う。本当に。

堀江　阪神タイガースのファンが「村上、来るな」みたいなことを言っていたでしょう。

田原　村上タイガースになると思ったから「来るな」って言ったんだ。

堀江　いやいや、おかしくないですか。あの人がそんなこと、するわけないじゃないですか。村上さんの目的は二つあって、一つはもちろん**自分のカネ儲け**ですけど、もう一つはやっぱり**日本をよくしようと思ってる**わけ。だって経済産業省の元官僚ですよ。

田原　そりゃ、そのとおり。

堀江　日本のことを思わないやつが、面倒くさい官僚なんかに、なるわけないじゃないですか。経済産業省の官僚をやっていたけど、これじゃダメだと思って、自分でファンドを作ってやった。資本市場の仕組みを使って、阪神電鉄みたいな怠慢経営の会社を甦《よみがえ》らせようとしたわけですよ。すごく誤解されているけど、彼の思い、志って、そこにあるわけです。僕のまわりもほとんど誤解していますけど、そういう部分は彼の中に絶対あるんです。

もちろん半分くらいはカネ儲けもあるんだけど。だから、村上さんが入ってくれれば、阪神は当然よくなるはずだったんです。にもかかわらず**テレビメディアを使ってどんどんネガティブ・キャンペーンを張って、阪神ファンは村上さんを追い出しちゃった**。だけど、あの一件をきっかけとして阪神は強くなった。そう僕は思うんです。

田原　ああ、逆にね。

堀江　だって、あのときまで阪神は、球団に全然カネをかけてなかったんです。人気があるってことにおぼれて選手は強化しないし、甲子園球場は古いままやっていたし。それが村上さんが来て、もうビビったわけですよね。ヤバいと。まじめに経営しないとやられると思って、経営陣は一生懸命頑張って、いま阪神は選手の補強にいちばんカネをかけていますよね。だから巨人より強くなっちゃった。最近よく勝つじゃないですか。甲子園球場も改修して、すごくいい球場になったじゃないですか。それは村上さんのおかげだと思いますよ。だけど、彼は退散させられてしまった。

田原　村上さんはニッポン放送株をめぐるインサイダー取引事件で、証券取引法違反に問われて裁判になった。２０１１年6月7日に、最高裁が上告を棄却。懲役2年で執行猶予3年、罰金３００万円と追徴金約11億４９００万円という有罪判決が確定したね。

「堀江が来たら制作予算が減らされる」なんてことはない

堀江　僕も、テレビ局をよくしようと思っていたにもかかわらず、ネガティブ・キャンペーンを張られた。「堀江が来たら番組制作予算が減らされる」とか言うわけです。僕のところにフジのＮＯＮＦＩＸとかやっているディレクターから、いきなり手紙が届いたことがあります。中にＤＶＤが入っていて、北海道かどこか廃校になる中学校の最後の卒業式みたいなのを追った、すごくいいドキュメンタリーでしたけど。

それだけ送られてきて「見てください」って書いてあって、「見ましたよ」みたいな感じ。これって「こんな良質なドキュメンタリーを作っている僕らの予算が、あなたが来ると減らされるに違いない。だから来ないでくれ」というメッセージだと思うんですけど。

田原　そういう意味だろうね。

堀江　おそらくね。ですけど、僕は全然そんなことは露ほども考えていなくて。むしろ、広告だけに依存しているテレビ局の収益構造を変えて、これから伸びるであろうインターネット分野をどんどん強化して、最強の放送局にしようと思っていた。**番組制作予算は減らすどころか増やそうと思っているし**、むしろ**現場の末端の制作会社とかにどんどんおカネが回る仕組みを作ろう**と考えてやってるわけですから。

そりゃあ、いちばん困るのはテレビ局の中堅以上の、何もやってない人たちですよ。経営陣とか、50歳とかで3000万円とか4000万円とかもらってる、何もやってない人っているじゃないですか。ああいう人たちが、いちばん困るのであって。

田原　これはもう、堀江さんが来たらリストラ対象になる。

堀江　でも、現場の若手のディレクターなんかどんどん抜擢《ばってき》されるし、制作会社だってもっと予算をもらえるはずなのに。

最初は冗談だと思っていた「検察に呼ばれた」

田原　まったく想像もしていなかった強制捜査がきた。さすがに直前には、何か兆候があったわけでしょう?

堀江　まったくわからなかったんですけど、ただ一人だけチクってきたやつがいた。僕、それを冗談だと思ったんです。どうもフジテレビの報道部と検察がタッグを組んだ。ライブドアのどんな些細《ささい》な問題でもいいから不正みたいなものがあったら、それを使って特捜部がやるという話になったわけですよ。で、1月に捕まる前年の2005年春、ニッポン放送を買おうとしていた時期くらいから内偵捜査が始まっていたらしい。

検察は内偵するとき協力者を見つけなきゃいけないわけじゃないですか。内部の者はもちろん協力しないから、辞めたやつなら協力するだろうと思って、退職した部長クラスくらいのやつに声をかけ始めたらしい。そのうちの一人が僕にチクってきたんですよ。

田原　検察が動いているぞと?

堀江　2005年12月でした。「僕、東京地検というところに呼ばれたんですけど」みたいに。いきなり知らない番号から電話があるらしい。出ると「東京地検の誰某《だれそれ》だ。出頭しろ」みたいなことを言われて、行ったらしいんです。「東京地検?　霞が関に行ったの?」「ええ、そうなんですけど」「その検事の名前とか知っているの?」「いや、わかりません」「名刺とかもらった?」「いや、もらっていません」と言うから、「おまえ、それってなんかヘンなのに引っかかったんじゃないの。大丈夫?」みたいな話をした。彼は、ちょっと過労みたいな感じで辞めちゃった人だったので。

年末たまたま別の仕事で会ったときは、「この間、地検に呼ばれたとか言っていたけど、あれから連絡とかあったの?」「いや、ないです」「何だったんだろうね」みたいな話をしました。

田原 それでもう終わったと思っていたんだ。

堀江 終わったというか、僕はそんな大事になっているとは思ってないし。「何を聞かれたの」って聞いたら、「会社の机の配置とか、赤字の会社を高い値段で買収したりしてないかとか」と言う。赤字の会社って1社しかないから「あの買収で何か問題あったっけ?問題ないよね」みたいな話になって、立ち消えになったんですよ。

買収先の元役員のタレ込みを検察が信じたのが始まり

田原 ところが、水面下では堀江包囲網が絞られていた。

堀江 どうも辞めた社員の中で一人だけ、買収した会社の元役員が、検察が強制捜査令状を取る端緒となったメールを、自分のパソコンから提供したらしい。小宮徳明さんという人なんですけど。

田原　彼は検察に、ライブドアはこんな悪いことをしているぞと言ったんですか?

堀江　**悪いことをしていると思い込んだ**んですね。僕らは２００４年２月にバリュークリックジャパンという会社を買収して、ライブドアマーケティングという会社にしたんです。売上高十何億円で２０００万円の赤字って、しょうもない会社だったんですけど。小宮さんは、そこのＣＦＯ（最高財務責任者）で年収２０００万くらいもらっていた。彼にすれば、座っているだけで高給がもらえるいい会社だった。

　それがライブドア傘下に入った途端、猛烈営業で業績を伸ばせとガンガンやられる。めっちゃキツくなって、僕のことが恨めしくてしょうがなかったみたいなんです。

田原　恨めしく思って辞めた人なんですか?

堀江　売却のとき社長が辞めちゃったので、2カ月ほど代表取締役になって、年末に辞めたんですよ。だから正味8カ月くらいしかいなかったんですけど、経営会議とかに子会社の社長として来て、いろいろ報告していた。

　その会社は僕らと同じ頃にマザーズに上場した。上場したとき資金調達しているから、カネはあったんです。でも鳴かず飛ばずで、うだつの上がらないことをずっとやっていたんだと思うんです。それが、アメリカの本社がいきなり僕らに株を売却して、突然ライブドアの子会社になっちゃったんですね。

田原　それで、堀江さんからああだこうだと言われ始めたんだ。

堀江　だって、もうえらい放漫経営をしているから、毎回「何でこんなに売り上げが伸びないの」とか言っていた。インターネット広告会社ですから、「じゃあライブドアから発注するから、とりあえず黒字にしなさいよ」とか、ずっと言っていたわけですよ。

ところが、うちの社員もアホだから、僕がちゃんと正規の値段で発注しろと言っていたにもかかわらず、親会社の立場を利用して値切ったりとかしたんです。決算の直後くらいにそういうことがバレて、「おまえ、何でこんなに値切ってんの。値切らないで正規の値段で計上し直せ」みたいに言ったりした。グループ間の1000万円、2000万円という小さい取引の話ですよ。これが、粉飾決算と受け取られたようなんです。

やってもいないことを検察はやったと思い込んでいた

田原　小宮さんは結局、検察に何を言ったわけ？

堀江　グループ内のライブドアファイナンスという会社が持っていたマネーライフ社を、ライブドアマーケティングが買収した。これは適法なんですが、上場しているので株式交換をした。そのときの鑑定が、本来1億円だったところを4億円に水増しした、ということを言ったんです。結局は、このことで逮捕されたんですけど。

でも、こんなのは正直言ってディスカウント・キャッシュフロー法というのを使えば、将来利益の予測次第で、たぶん1億円から10億円くらいまで幅が出る話なんです。それをグループ間のお手盛り取引だとか、ぐちゃぐちゃ言っていたんだけど。

このとき、ライブドアの財務担当取締役の宮内亮治さんという人が、株式の100分割を使って一儲けしようと画策していたんです。100分割すると株式が高騰するんですね。親会社のライブドアは株を持っているわけだから、株式の効力日をずらして、旧株の高騰時に儲けようとした。

ただ、**東京証券取引所はOKだった**んですが、そういうことをやってよいのかと弁護士のリーガルチェックを受けたら、弁護士が「いや、それは株主の平等原則に反するからダメだ」ということになって、NGになったんです。それで「社長、こうやって何十億円か儲ける予定だったんですけど、ダメになりました。ごめんなさい」みたいなメールが来たと。ところが、**このNGになった話が実際にあったと、どうも小宮さんは思い込んでいた**みたいなんです。そういう誤解があって、彼は検察に話したんです。

田原 検察は、ライブドアは悪いことをやっていると受け取った?

堀江 そう。もちろん証券会社というのは、そういうギリギリの取引というのもやるわけですよ。証券取引法でシロになるギリギリのところで商売しないと、基本的に横並びだから儲からない。だから、いかに法律に触れずに儲けるか。

田原 どこまでギリギリやるかという勝負ね。

堀江 だから当然、やれるかどうか検討するんです。でも検討して違法だと思ったらやらないんです。東京地検は、それをどうもやったと思い込んでいたらしい。

田原 実はやってなかったのに、やったと思い込んでパクッた?

堀江 結局、最初に逮捕された案件というのは、すごい壮大な絵が描かれていたんですけど。株式の100分割による株価高騰を利用してライブドアが大儲けをしていた、と検察は思っていたんですが、まったくそんなことはなかったんです。

田原 これは大事な問題。世間は、いまだにそう思っていますよ。いまだにライブドアは株式分割で大儲けしたと。そんなあくどいことをやった堀江貴文は許せない、というのが世間の考え方だよ。

堀江　だから、**100分割で儲けていたというのはまったくない、事実無根の話です。**

株式100分割で、大儲けなんかできない

田原　ないの？　マスコミだってそう信じているよ。ないんですか？　どういうことか、説明してください。

堀江　そもそも僕がライブドアの株式を上場させて、株式市場のことを勉強してわかったのは、わかったというよりものすごく驚いたんですけど、多くの企業の株式は一株を買うのにも数十万円とか100万円を超えるとかのおカネを用意しないと、手に入れることができないってことだったんです。これって、庶民は株式を買うなって言っているのと同じじゃないですか。だったら、**株式分割で単価を下げて、市場での流動性を高めて、株式市場に参加する人を増やせばいい。**ネット証券のおかげで売買手数料は安いから、投資家は少額の投資でも利益を上げることができると考えた。

田原　だから、株式分割だと。それを他社に先駆けてやったから、ライブドア株が人気になったと。

堀江　そうです。ところで、株式分割から新株到着までタイムラグがあるから、一時的に株価が高騰することは、よくあることなんです。50日間は株式が交付されないから、その間は一時的に需給バランスが崩れる。その後に、また元に戻ると。それで大儲けしたじゃないかと言われるんだけど、だって100分割で高騰するのは旧株だけですからね。旧株というのは時価総額の100分の1ですよ。

いちばん大きな事件だとされたのが、ファンドを通じた自社株取引を計上したのが違法だという問題で、そのとき100分割を使って高値で売り抜けたと、みんな思い込んでいるわけです。でも、高騰したという旧株は、当時2000億円くらい時価総額があったうちの、たった20億円分なんですよね。その20億のうち、たとえば僕から借り株したところで、僕自身がそんなに株を持ってない。20%くらいしか持ってないわけだから、20億のさらに5分の1の4億円でしょう。その4億円分の株式を、いくら頑張って高騰させても、それで50億円儲けることはできないんです。そんなことで儲けられるわけがないんです。100分割を利用して儲けたというのは、本当に事実無根です。

田原　なるほど。じゃあ検察は、調べて事実無根だとわかったんですね？

堀江　いや、最初はわからなかったみたいです。本当に逮捕するまでわからなかったみたいですよ。たとえばＣＥＯをやっていた熊谷史人というやつを逮捕したのは、僕ら４人を逮捕した１カ月あとですからね。再逮捕のときに同じタイミングで逮捕されたんですけど、熊谷は「１００分割では儲からない仕組みについて、ずっとしゃべった。自分がレクチャーした」って言っていましたから。

　僕を逮捕したときは、検察官はマネーライフのところの１００分割が、ライブドアの株式錬金術スキームの最終形だろうって言っていました。彼らは自社株売却スキームとマネーライフのスキームは同じだと思っていたんですよ。でも僕は、「それは関係ないでしょう。よく考えてくださいよ」と言った。ライブドアグループ内のライブドアファイナンス社が、マネーライフ社を持っていた。それを、ライブドアグループ内のライブドアマーケティング社に売るという話なんだから、これは自社株売買でも何でもないでしょうと。

田原　れっきとした別会社だからね。

堀江　だからライブドアの子会社同士が株を売って、株を売った元のファイナンス会社がその差益を利益として計上したって、別に違法でも何でもないわけです。どう考えてもこれは違法じゃないでしょう。そう検察にずっと言ったんだけど、わからないんですよ。

田原 最後までわからない？

堀江 途中からわかってきたんです、だんだん理解してきた。最初の強制捜査令状では、容疑は100分割がどうこうとがちゃがちゃ書いてあったんですけど、起訴するときは結局、1億円の会社を4億円で売ったのが違法だという話だった。ものすごく小さい話になっていた。

作られた話で起訴された

田原 でも、それも違法じゃないんでしょう？

堀江 違法じゃないですよ。どうやって違法にしたかというと、会社の価値は本来1億円だったと、決めつけた。だけど**会社の価値が1億円と決め打ちすることはできない**わけです。ものの値段は一物一価ではなく、需給バランスによって決まるわけじゃないですか。1億円の会社を5億円の価値があるとか、100億円の価値があると思って買う人もいるわけじゃないですか。

たとえば孫さんがヤフーを買ったときは、たぶん100億円くらい注ぎ込んでいるんです。でも当時の売上高は100億円もなかった。たぶん数億円の会社ですよ。それに100億円注ぎ込んだのは、結果としてあんな会社になったからOKだけど、検察に言わせてみれば「それはおまえ、ちょっと水増しじゃないのか」と言えるんです。

田原　難癖をつけようと思えば、いくらでもつけられる。

堀江　そう。たとえば、ソフトバンクに売った株主に対して脱税だと言うこともできるわけじゃないですか。ソフトバンクがこんな二束三文の会社に100億円も払うということは、これは贈与に当たる。贈与税の脱税だ、という論理だって作れるわけですよ。だからそれを違法にするのはおかしい。

4億円という鑑定を作ったのは、ライブドアファイナンスの社員だった。だって鑑定書を作るとき、将来利益の予測というのは内部者しかできないわけですからね。それを内部の者が作って、第三者の会計士がチェックしてハンコを押したわけです。検察は、この会計士を脅して「おまえも捕まるぞ」という雰囲気を出すわけです。当然、会計士はビビるじゃないですか。で、「ライブドアファイナンスの人に言われるままにハンコを押しました」と供述してしまったんです。

田原　検察がそう言わせたんだ。

堀江　言われるままにハンコを押しただけだから、これは架空のもので、実体のない鑑定書です、みたいな話になった。「それ、おまえが言うなよ」「おまえ、ハンコ押したんだから、責任持てよ」っていう話じゃないですか。**だけどそうやって、本来1億円の会社を4億円で買収したことが違法であると、話を作られちゃう**んですね。

田原　それで有罪なんですか？

堀江　もちろんそうですよ。それは、二つ有罪になったうちの一つなんですけど。

監査法人が認めていた自社株売却の連結利益計上

田原　もう一つは？

堀江　もう一つは、ファンドを通じた自社株売却スキームの連結利益を計上してしまったことが違法だ、というロジックです。

田原　それは違法なんですか？

堀江　僕は違法じゃないと思いますよ。何でかというと、そもそもこのスキームは、会社を買うとき、キャッシュの余裕がないので株式交換で買います。5％までは「簡易株式交換」といって、取締役会の決議だけで買収ができたんです。それで、ライブドアが新株発行して会社を買いますと。ところが買収予定だった会社の株主が、ライブドア株ではイヤだと言ったんです。これは2003年秋の話です。

田原　何で?

堀江　ここがたぶん、裁判官がいちばん理解できなかったところだと思うんです。要は、検察官や裁判官は、ライブドア株というのはすごい人気株で、ライブドアは時価総額何千億円の優良会社だと思い込んでいるわけですよ。だから理解できない。

　でも、その3年前は、ライブドアなんてクズ会社だったわけですよ。時価総額も80億円くらいしかなくて、流通量も1日1株とか2株くらいというしょうもない株。それを後に10分割して買いやすくして、さらに100分割して買いやすくして、それでどんどん人気が出てきたんですけど、当時はクズ株だったんです。「だから受け取りたくない。現金でくれ」と相手の会社の株主に言われたんです。

田原　なるほど。それでどうした?

堀江　じゃあどうしようかと。これは、エイチ・エス証券というところがスキームを作った。エイチ・エス証券が、携帯電話の関連事業をやっていたクラサワコミュニケーションズという会社の株式を引き取って、対価として現金を渡す。このときエイチ・エス証券が作ったファンド（投資事業組合）に対して、ライブドアファイナンスが貸し付けをする。出資という形で10億円くらい渡し、それを相手先の会社に渡して、買収できるわけです。次にそのファンドとライブドアが株式交換をして、エイチ・エス証券にライブドア株を渡す。これをエイチ・エス証券が責任を持って市場で売却して、売却したカネで出資金を返済する。こういうスキームを作ったんです。

田原　なんだか面倒くさいけど、まあ、だいたいわかった。

堀江　これをやったら、たまたま利益が出ちゃったんです。なぜかというと、株価が高騰したから。これはいろいろな要因があると思います。ライブドアがイーバンク銀行に出資したり、リナックスのソフトを発表したり、それからインターネット市場そのものがソフトバンクのＡＤＳＬやＹａｈｏｏ！ＢＢで伸びてきていた。

だから、最初は出資した10億円くらいが返ってくればいいと思っていたんですけど、50億円くらい儲かっちゃったんです。この利益は当然、出資していたファンドの利益なんだから、利益計上していいだろうと判断をしたんですね。

田原　それは、違法なわけ？

堀江　ファンド（投資事業組合）の連結基準というのは当時、一時的な株式の保有でも、それは実質的な増資、資本準備金の増加であるから、損益取引じゃなくて資本取引にしなさい、だから損益計上じゃなくて資産計上しなさいという話だったんです。

だけど、恒久的な増資ならばもちろん資産計上するんだけど、一時的な売却なんだから損益取引でいいんじゃないかという会計上の解釈もありうるんです。だから、監査法人はそれをＯＫした。つまり監査報告書にＯＫと書いたんですね。**僕らは、監査法人がＯＫというんだから損益計上していいのねと、そのままやっていた**わけですよ。

そうしたら、検察はそれを２年後くらいに掘り返してきて「これは資産計上しなきゃいけないスキームなんじゃないか」と言ってきた。彼らは、その傍証みたいなものをいくつか取っていくわけです。

田原　監査法人は、これも言われるままにハンコを押しただけだ、と言ったわけ？

堀江　監査法人は、「いや、違法なんじゃないかと思っていましたけれども、重要なクライアントなので、いやいや監査報告書を書きました」と証言した。

田原　ああ、検察にはそう言ったんだ。

堀江　そう言うわけですよ。赤坂という会計士が、「宮内さんに『違法じゃないか』と言ったんですけど、無視されました」とか。確かにその人は「このスキームはどうなんですか」みたいなことを宮内さんに言ったらしいんですけど、監査法人内でも別に問題とはならなかった。ところが、メール2〜3通のやりとりをもとにして「違法だけど隠しとけ、という感じに受け取った」みたいなことを、会計士が言っちゃったわけです。逮捕が怖かったからです。会計士はそのあと否認に回るんですけど。

複雑な金融取引も株式分割も、株主のためにやった

田原　この本の前半で堀江さんに、インターネットのどんな仕事をやってきた、スマートフォンみたいなものを作りたかったと、いろいろ聞きましたね。堀江さんは金融なんて興味ないんでしょう？

堀江　別に興味ないですけど。

田原　じゃあ、何で株式分割とか、投資事業組合を通した買収とか、やってたの？

堀江　それはだって株主のためですよ。

田原　堀江さんが宮内さんに、こんなふうにやれと言ったんですか？　いろいろ売ったり買ったりする話を。

堀江　それはだって副産物ですもん。宮内さんも、こんなに儲かるとは思わなかったはずですよ。ライブドアって、ずっと成長してきたし、ずっと設備投資もしているし、めちゃくちゃ利益が上がる会社じゃないんだけど、将来的にはもちろん大きくなると思ってやっているわけじゃないですか。そのなかで、**いろいろな会社を買収して、新しい事業分野をどんどん広げていきたいと思った**わけですよね。そういうところを宮内さんたちのチームは、やっていたわけですよ。そのなかで金融取引をいろいろやったわけです。

4億円程度のカネを横領するわけがない

田原　でも世間では、堀江貴文のライブドアはインターネットの会社だったはずなのに、本業ではない金融取引で悪いことをして儲けた、と思っている。

堀江　そう思われても、こっちはどうにもできないですね。じゃあ、どうすればよかったんですか、という話ですよね。

田原　堀江さんは、宮内さんたちがやっていた金融取引の細かいところには、具体的にかかわっていないんですか？

堀江　もちろんそうですよ。別に**自分がやりたいことじゃないし**。

田原　じゃあ、もっと言えば、よく知らないわけだよね？

堀江　**あまり知らない**です。**全然知らないかというと、そんなことはない**ですけど。

田原　まあ、そこは社長だからね。僕は、どうも宮内さんたちが、自分たちがやったことを全部、堀江さんになすりつけたんじゃないかと思っているんだ。

堀江　ああ、それはそうですよ。「おまえが社長なんだから、責任取れよ」という。彼らはそういうスタンスだと思うし、宮内さんたちは横領もしていましたから。

田原　そこも聞きたい。４億円横領していたと。ある会社を１億円で買って５億円で売った差し引き４億円がなくなっていた。それを検察は最初、堀江さんが取ったと思っていたんですね？

堀江　思っていたんだけど、捕まえてみたら、もちろん違った。だって僕は１０００億のケタの株を持っているんだから、そんなところで４億円ちょろまかすわけないでしょう。だから、それを材料に使ったんでしょうね。材料に使って、宮内さんたちは検察に脅されたわけですよ。取調室で何があったかは知りませんけど。

なぜ僕は裁判で負けてしまったのか

田原　堀江さんがライブドア事件で有罪とされたのはどんな問題なのかと、ここまで根掘り葉掘り聞きましたけど、僕はずっと前から一貫して、堀江さんは冤罪だと言っている。いま聞いた堀江さんの説明も、だいたいそのとおりだろうと思います。それなのに、何で裁判で勝てなかったんですか？　**何で、こんなに裁判が下手くそなの？**

堀江　いやあ、やっぱり**検察とかに、あんまり興味なかったん**でしょうね。とくに最初のうちは。

田原　でも、戦ったら勝たなきゃダメだ。

堀江　そうですよね。僕って、なんか詰めが甘いんですよね。何ですかね。本当は、できることなら、なんか戦いたくないじゃないですか、だから、あんまり楽しくないんですよね、裁判をやってて。

田原　そんなこと言ったら、刑務所の中なんて、もっと楽しくないよ。

堀江　まあ、そうですよね。と思いながらも、なんか戦うの面倒くさいなあ、とか思いながら戦っていますからね。だから、本気になっていないんです。法律のこととかをやるのは、あんまり好きじゃないんですよ。本当は嫌いなんですよね。

田原　だって、悪いのはライブドアの財務担当取締役で金融をやっていた宮内さんや、ライブドアの元取締役でエイチ・エス証券副社長のとき沖縄のカプセルホテルで亡くなった（沖縄県警は自殺と発表）野口英昭さんたちでしょう。カネは彼らが取ったんでしょう？

堀江　カネは彼らが盗んでいますけど、僕のほうでも、業績上げろって詰めすぎたので。

田原　検察は、堀江さんが取ったんだと間違ったんでしょう？

堀江　最初は、本気でそう思っていたみたいです。

田原　そこで聞きたい。裁判は勝つか負けるかです。何で堀江さんは、こんなに完敗しちゃったんですか？　社長の責任は当然あるとしても、たとえばカネボウの粉飾決算とかいろいろな銀行の例を見ても、みんな執行猶予ですよ。何で懲役2年6カ月なの？

無茶な捜査で市場暴落の責任はないのか

堀江　結果として検察がうまくやったなと思うのは、月曜日に強制捜査をしたりとか、マスコミを使ってプロパガンダを打ったりとかした。僕が逮捕されたとき、**強制捜査によってライブドア株が紙くずになると思った人たちが多い**と思うんですよ。粉飾決算という話が出たから、財務諸表に現金1000億円って書いてあるけど、これもウソなんじゃないかと思うわけでしょう。それは僕も仕方のないことだと思いますよ。だけど、あまりにも紙くず紙くずって言うもんだから、みんな本当に紙くずになると思って……。

田原　誰が紙くずと言った?

堀江　マスコミですよ。

田原　マスコミは、検察のリークで言っていたわけだ。

堀江　リークもあるし、マスコミの思い込みもあるでしょうね。粉飾のカネでやっている会社なんだから、そんな数字なんて絶対信用できない、となるわけです。

田原　今でも一般的には、そう思われている。

堀江　だけど、ずっとライブドア株を持っていたら、当時500~600円くらいだった株価が、最終的に76円くらいまで下がって、終値が94円ですけど、たぶん純資産だけで200円くらいの価値があったんですよ。実際、そのままずっと持っていた株主は儲かっているんです。

田原　ああ、儲かってるの。

堀江　儲かっていますよ。だって100円とかで拾った株主は大儲けですよ。外資のヘッジファンドとかが、バーッと買って、みんな儲かっていますよ。USENの宇野康秀さんだって儲かっているんだから。彼らがフジテレビからライブドア株を買った値段は80円かそこらですよ。それをたぶん110〜120円くらいで売っているから、相当儲かっていますよ。損したのはフジテレビくらいじゃないですか。ギリギリで買った株主は損しています。でもみんなが売るから、さらに損が広がるんですよ。それで東証も大混乱して、その責任は全部、僕になすりつけられているわけですよ。

でも、それって東京地検特捜部がやったことじゃないか、と僕は思うんですけどね。**特捜部がこんな無茶な強制捜査をするから、そんなことになった**わけで。やったらそうなることくらい、わかるでしょうと。でも、そういうふうになっても俺らは関係ねえよ、というスタンスでやるわけじゃないですか。彼らは強権だから。

田原　それはそうだ。**堀江逮捕で東証は大混乱して、東京株式市場の株式時価総額は一気に何兆円か減ってしまった。**野村総研だったかな、10兆だか20兆円だかが2〜3週間で失われたと計算していた。**堀江貴文がいかに悪人でも、逮捕して日本人の資産が何兆円も失われるのであれば全然、割に合わない。**僕は逮捕すべきではなかったと思っている。

検察の人間は「カネ儲けは悪だ」と思っているのだ

田原　そこで聞きたい。検察は総じて、やっぱり堀江というのは悪い男だ、ライブドアというのは悪い企業だと思い込んでやったんでしょう?

堀江　うん。**彼らはもともと「カネ儲けは悪だ」と思っていますよ。**

田原　もう一つ聞きたい。実は日本の経営者や金持ちというのは全員ケチなんだ。カネを使わないの。どういうわけか知らないけど、金持ちほどカネを使わない。僕はいろんな経営者に「何でカネを使わないんだ」って聞いた。こういう人間だから、何でもすぐ聞くんだ。すると何でカネを使わないか。「金の使い方を知らない」と言うんです。カネの儲け方は一生懸命勉強して、稼ぐ技術は学んだけど、カネの使い方を知らない。

だから、堀江貴文というのは珍しい男。**カネも稼ぐしカネを使う**んだ。競馬ウマ買ったり、フェラーリ買ったり、自家用飛行機買ったり。**だから、検察にやられた**んでしょう。

カネを使ってけしからんやつだ、と。

堀江　「けしからん」がいっぱいありますね。辛いなあ。

田原　カネは儲ける。言いたいことは言う。世の中に遠慮しない。スーツを着ない。ネクタイもしない。だから堀江は悪いやつだ、というふうに検察は思ったんですね？

堀江　思っていますね。

田原　でも、だんだん調べてきて、そうじゃないというのはわかってきたんでしょう。どうもこいつは「露悪家」だと。

堀江　そうでしょうね。少なくとも取り調べ検事はそう言った。そう思っていましたよ。

田原　そう思ったのに、何で懲役2年6カ月の実刑なんですか？

堀江　それは裁判官が決めることじゃないですか。というのもあるし、求刑が厳しくなったのは、**僕が取調室で検事をずっと罵《ののし》っていた**からじゃないですか。ひどい罵り方だったと思いますよ。

ふざけるな！　死ね！　バーカ！

田原　あ、罵っていたのか。たとえば、どういうふうに？　僕を取り調べの検事と思って、いまここでやってみて。

堀江　**「ふざけんじゃないよ！」**（と大声をあげ）バーン！（と両手で机を叩く）みたいな。**「おまえ、何で俺を逮捕してんだよ！」「死ね！　この野郎」「バーカ！」**（と絶叫）とか、こんな感じでした。人格攻撃どころの話じゃない。もう検事を罵りまくりでしたよ。

田原　そう罵ると、相手の検事は何て言う？

堀江　じっと聞いていますよ。「まあまあ」って。

田原　じゃあ、もう心証はどんどん悪くなったね。

堀江　めちゃくちゃ悪いでしょうね。

田原　何で、わざわざ心証の悪くなることをやったんですか？

堀江　いや、もう**ストレスがたまりまくってましたから**ね。俺は何でこんなところに身柄拘束されているんだろう、と思うじゃないですか。本当にムカついてしょうがなくて。

田原　弁護士が「検事の心証を悪くしたら損だぞ」とは言わなかったんですか？

堀江　いやあ、言われてもね。そりゃもう、だってストレスの発散方法がないですから。

田原　罵りまくったら裁判で損するとは、思わなかった？

堀江　思わないですね。後先のことは考えなかったですね。とてもじゃないけど、そんなこと考えられないですよ。もう検察のことが、とにかくムカついてしょうがなくて。検事たちはみんな、ずっと能面みたいな顔をしているわけですよ。妖怪のぬりかべみたいな顔ですよ。何なの、この人たちはと。**「おまえら、何が楽しくて生きてんの？」「おまえらさ、俺を捕まえて喜んでんのかよ」**とか言ってました。

悪口を書かれた週刊誌は訴えて、賠償金をもらった

田原　そのときマスコミが、検察のリークで堀江さんの悪口をガンガン書いたでしょう。あることないこと、ほとんどがないことだろうけど、さんざん悪口を書かれた。堀江さんは保釈で出てきて、マスコミと戦った？

堀江　**週刊誌は全部、訴えました**ね。

田原　検察は、普通は新聞やテレビにリークするわけでしょう。何で週刊誌が書いたんですか？

堀江　検察は、これは無理筋だとわかったものも、司法記者クラブにリークするんですよ。

司法記者たちは当然、無理筋だから記事にできないんだけど、それをどうするかというと、雑誌に売るわけですよ。だから週刊誌に、おもしろネタや捨てネタをけっこうバラまいていたんですよね。どれが検察でどれが情報源なのか、わからないですけど。無理筋というか死に筋になったネタは、僕の場合だと、スイスに隠し財産があるとか、暴力団とつきあいがあるんじゃないかとか、そういうのです。

田原　週刊誌を訴えてどうなったんですか？

堀江　**勝訴したり、和解したり**。

田原　向こうはカネを出すわけね。いくら出した？

堀江　**１社当たり平均で２００～３００万円くらい**です。全部で7～8社。

田原　堀江さんに勝った週刊誌は1社もないの？

堀江　もちろんないですよ。払ってないのは、文春くらいじゃないですか。

田原　何で文藝春秋は払わないんですか？

堀江　たまたま僕の上告審の弁護団に文春の顧問弁護士がいて。この人がある日突然、深刻な顔をしてやってきた。「堀江くんさ、俺、きみの弁護おりなきゃいけないかもしれないんだけど」って言われて、「えっ、どうしてですか」「実は文春の顧問弁護士をやっててさ」と。「じゃあ文春に二度と変な記事を書かないように、もっと僕と仲よくするように言ってくださいね」と言って、そこで文春への訴えは取り下げた。だから文春だけは払ってないんです。

田原　なるほど。あとは全部払ったんだ。講談社も？

堀江　講談社は確定判決で払いましたね。和解じゃなくて、一審判決をちゃんと受けて支払っていただきました。その直後、野間省伸さんから電話があって「やっと一緒に仕事できるね」って言われた。そういうことですね。

田原　立花隆さんも払ったんだって？

堀江　立花さんからは賠償金をもらいました。

田原　彼は何て書いたんですか？

堀江　二階堂ドットコムという人がいるんですけど、その人が、堀江は暴力団とつきあいがあるみたいな話をネットに書いていたんですよ。これに立花隆という人は最近、全然取材をしないのでコロッと騙された。聞き語りで「こんな記事があって、堀江は暴力団と関係がある」というふうに日経BP社のウェブサイトに書いちゃったんです。又聞きを、さも事実のように寄稿していたので、それを訴えたんです。

弁護士の選定を間違えなければ勝てていた

田原　立花隆に勝った男が、何で検察に負けるのよ？

堀江　検察じゃない、国家権力なんで。そこは弁護士をやっぱり……。

田原　間違えた？

堀江　うん。

田原　途中から弁護士が弘中惇一郎さんに代わったね。弘中さんは、ロス疑惑事件で三浦和義さんの無罪、薬害エイズ事件で安部英さんの一審無罪（その後、被告の病気のため公判停止、２００５年に88歳で死去）、障害者郵便制度悪用事件で村木厚子さんの無罪なんかを勝ち取った弁護士です。一審から弘中惇一郎弁護士が担当していれば、堀江さんの判決は違っていた？

堀江　そうだと思いますね。それはそう思います。

田原　どこを失敗したの？

堀江　やっぱり、弁護チームをつくる能力だと思いますね。僕がまず検察とか弁護士に興味がないというのが一つあるんですけど、いちばんの敗因は、**弘中先生を最初に紹介してくれたのが三浦和義さんだった**という。ちょっとなあ、どうかなあ、という。

田原　三浦さんを信用しなかったんだ。

堀江　三浦和義さんって非常に独特な方じゃないですか。僕は『サンデー・ジャポン』という番組で、同じテーブルにいた三浦さんから名刺を渡されたんです。そのテーブルというのが非常に怪しい方々ばっかりで、リーゼントのすごいホストクラブの社長とか、そんな人たちが座る色もののテーブルだった。それで三浦さんに弘中弁護士を紹介されたわけなんですが、サッチーや叶姉妹の弁護までやってたりする人だったから、どうなんだろうなと思ってしまいましたね。

田原　弘中さんは、ちょっと変わった人も弁護しているわけね。

「弘中弁護士には気をつけろ」と言った弁護士

堀江　その後に経歴を見たら、すごくしっかりしていたんですよ。でも、僕はそこでまた、いまの弁護団を解任したらかわいそうだな、とか思ったりしたんですよ。なにしろ僕は、あのころちょっと弱っていたんですよ。**接見禁止とかすごく厳しくて、弁護士さんくらいしか相談する相手がいない**。保釈条件に、ライブドアに少しでも関連がある人には会っちゃいけないっていう包括条件が付けられていたんです。

田原　保釈後も、娑婆《しゃば》に出ても、ライブドア関係者との面会はダメなの？

堀江　はい。保釈条件にそう書かれていた。一審判決後は緩和されたんですけど、1年くらいそういう状態だった。友だちとかにも仕事を広げすぎちゃって、知り合いはほとんどライブドア関係者になっていたんです。会える友だちも本当に何人かしか、いなくなってしまった。だから、**すごく追い詰められていた**んですね。信頼できる人たちは弁護士さんと、あと何人かという状況では、ナーバスになるじゃないですか。

弁護士さんとも、家族とまでは言わないですけれども、すごく親しい関係になっていたから、なかなか切りづらいですよね。いろいろ考えた挙げ句「弘中さんに頼みますから」って言った途端、前の弁護士さんから「堀江さん、気をつけてね」って言われたもん。別に悪気はなかったと思うんですけどね。

田原　「気をつけてね」って、どういう意味？

堀江　僕らはヤメ検だから、検察も嫌がらせをしてこなかったけど、弘中さんはヤメ検じゃないからね、と。

田原 ああ、弘中弁護士は検察官に嫌われているよと。

堀江 「検察に嫌がらせされることも、考えたほうがいいよ」という感じでしたから、ちょっとビビリますよね。弁護士を替えるって、やっぱりなかなかできないですよ。

田原 弘中さんは何をやったんですか？

堀江 まず弁護団チームを作って。

田原 そんなの、いまさら作ったってしょうがない。

堀江 でも何とかなると思ったんじゃないですか。ならなかったので、結果的にはしょうがないですけど。何とかなる可能性もなきにしもあらず、とは思っていました。やらないよりは、やったほうがいいだろうと。ただ、**やるなら上告審ではなく、遅くとも控訴審から弘中さんとやるべきでした**ね。

田原 遅すぎた。もっと言えば、ライブドアの社長だった堀江さんには、社長としての責任はどうしたってある。でも、それは実刑じゃない。執行猶予ですよ。最初から執行猶予を狙うという手も、あったんじゃないかな。

堀江 そこは、刑事事件と民事のバランスとかがあったんじゃないですか。

第6章

ロケット開発、映画監督……2年後にやりたいことがいっぱいある

ロケットの軌道打ち上げは早くて2年後にやる

田原　ところで堀江さん。**ロケットは、堀江さんが収監されている間も、研究は続けるわけですね。**

堀江　はい。

田原　いま、どんな段階なんですか？

堀江　最初の打ち上げ試験を終わったところですね。

田原　本格的な打ち上げは、いつごろやるんですか？

堀江　**軌道に打ち上げるのは、早くて2年後くらい**です。

田原　出てくるまで、2年半以降に延期しないの？

堀江　いやいや。僕以外のスタッフがもちろんやるので、大丈夫ですよ。僕がいない間も研究開発はかなり進むと思います。一応道筋は立てたので。僕がやらなければできない仕事っていうのは、そんなにないんですよ。

田原　そうか。もう道筋は立てたと。

堀江　大枠の方針を決めておけば、それに向かって粛々とやるだけ。あとは本当にケツを叩くみたいな仕事しかないので。**ケツを叩くのは、別に塀の中からでもできる**かなと。

田原　先日チラッと聞いたのは、スタッフたちが、堀江さんが刑務所から出てくる前の日にロケットの打ち上げをやろうか、と話しているんだって？

堀江　冗談ですけどね（笑）。

田原　前の日にバーンとお祝いのロケット花火を打ち上げて、颯爽《さっそう》と出てくると。

堀江　そうじゃなくて、僕に打ち上げシーンを見せたくないんです（笑）。だから、そういう冗談なんですって。

　北海道でロケットエンジンの噴射実験をやったりすることが、よくあるんです。その実験のとき、僕は準備段階から行くこともあるんだけど、前の日に飲みすぎたりすると遅刻しちゃうんですね。だいたい朝9時から準備して、11時とか11時半くらいに火を噴くんですよ。僕が遅刻するときは、だいたい11時とかに実験場に入るので、火を噴く10分前くらいにちょうど間に合うんです。

　それがまた、なんかどこかに監視カメラがあるんじゃないのっていうくらい、ピタリと10分前くらいに着く。だから、スタッフはみんな「チッ、今度こそ噴いたあとに来ると思ったのに」みたいな話になって、その延長の冗談なんです。

田原　ああ、それで前日に打ち上げか。今度こそ1日遅刻したじゃないかと。

堀江　そうそう。打ち上げを見せないで悔しがらせよう、みたいな話なんです。

田原　2年半近く務めを終えて出てきたら、何をする予定ですか？　出てきた直後に何をするかじゃなくて、これからの人生をどうするという話。

堀江　とりあえずロケットエンジンをやって、あとは好きなことを、どんどんやっていこうかなと。

田原　好きなことって何ですか？

堀江　好きなことはいっぱいあるんですけど、何だろうな。ロケットエンジンとかもやりながら、自分の時間を作って、いろいろなことをやりますよ。

寿命を延ばしても実現させたいこと

田原　どんなことをやるの？　経営するんですか？

堀江　経営というよりは、まず**自分の時間を増やさなきゃ**と思っている。増やすために何をしなきゃいけないか、と考えたりとか。だからちょっと**寿命を延ばさなきゃ**なあとか。**アンチエイジング**とか**細胞再生**とか、そういうものの近いところには、ちょっといたいなと。僕がやらなくてもいろいろな人たちがやっているので、そういうのをできるだけ自分に採り入れてやっていきたいな、とは思っています。

田原　寿命を延ばすのはいいけど、延ばして何をするの？

堀江　延ばしたら、やりたいことがいっぱいできるじゃないですか。やりたいことって、僕はけっこういっぱいあるんですよ。たとえば**映画を作りたい**と思ったりもしています。この前、田原さんは「憂国のラスプーチン」ですか、佐藤優さんの映画を作ろうみたいなプロジェクトの話をされていたでしょう。僕はおもしろそうだなと思ったんですよ。たとえばロッキード事件って、映画になってないでしょう。ロッキード事件の映画を作るって、おもしろいじゃないですか。

田原　ロッキード事件なら、僕の本を読んでよ。

堀江　じゃ、それを映画化しましょうよ。今まで映画化されてないじゃないですか。ロッキード事件だったり、リクルート事件だったり、僕のライブドア事件だったり、あるいはフジテレビのメディアの支配者みたいな本とか。ああいうのを映像化したら、めちゃくちゃおもしろいと思うんです。そういうのを映画プロジェクトでやりたい。

田原　それはおもしろい。

堀江　こういう「おもしろいこと」って、ほかにもいっぱいあるんですよ。たとえば、宮崎県に尾崎牛というブランド牛があるんだけど、口蹄疫《こうていえき》被害でつぶれちゃったんです。民事再生を申請して復活するんですけど、**東京で尾崎牛のハンバーグや焼き肉を出す店をやって支援してみたい、**と思ったり。

田原　お店を開くんだ。ハンバーグ屋や焼き肉屋。

堀江　たとえば、そういうのもいいなと思ったり。それこそ**ラーメン屋をやってみたいな**と思ってみたり。あるいは**ゴルフのトーナメントを始めてみたいな**と思ったり。「とおとうみ浜松オープン」というのがあったんですけど、あれは僕が考えていたやり方にすごく近い。プロアマ戦をやって、おカネを集めて賞金を出すみたいな方式なんですけど、そういうのを企画してみたいと思ったりとか。もう、いっぱいあるんですよね。

スマートフォンの次はテレパシーだ

田原　スマートフォンの次は、何かやらないの？

堀江　**スマートフォンの次は、僕はやっぱりテレパシーだ**と思うんですね。

田原　どういうことですか？

堀江　**脳内にインプラント（体内に埋め込まれる器具）を入れて、脳内で考えていることを相手に伝える**とか、そういうふうになると思うんです。いま、すでに脳波デバイスで車を制御するくらいのことはできるんです。脳で考えたら車が右に曲がるとか、そういうのはもう実用化されているんですよね。

あと有機ELディスプレイというのがあって、折り曲げられるし、低消費電力だし、透過できたりする。たとえばそれを**コンタクトレンズの中に仕込む**と、視野にダイレクトにAR（オーギュメンテッド・リアリティ＝拡張現実。現実の環境にバーチャルな電子情報を付加して合成すること）みたいな感じで、いろんな情報を表示できたりする。昔のSF映画に出てきますよね。

田原　ああ、『ターミネーター』なんかに出てくるね。映画作るより、そっちのほうが、おもしろいじゃない。

堀江　でも、映画も作りたいんですよ。「そっちのほうが」とかなくて、これもおもしろいし、あれもおもしろいし、これこれこれって。小説も書きたかったから書いたじゃないですか。漫画の原作もやりたかったらやったじゃないですか。

田原　絶対ね、スマートフォンの次が来ると思う。

堀江　来るでしょうね。

田原　それは堀江さんがやったほうがいいと思う。

堀江　それは時間が許す限りやりたい。でも、スマートフォンとロケットだったら、絶対ロケットだと思うわけですよ。そのおカネと時間とリソースが問題。いちばん足りないのは時間だから、時間を増やすにはアンチエイジングだったり細胞再生だったりということを考えていく。だから、やりたいことが多すぎて、いますごい我慢しているんですよ。よくないですよね、この状況は。

田原　それはよくないと思う。絶対よくないけど、よくないなんてことを言ってないで、やっぱり2年半を、次への飛躍に使わなきゃね。

70億の人たちを「うおっ、すげえ」と思わせたい！

堀江　いやいや。その「飛躍」という考え方じゃなくて、**自分がやりたいことをいかに楽に実現できるか**というところが、僕の中では大事なんですよ。自分が飛躍するとかっていうのは、結果でしかないんですよ。たとえば、ロケットを打ち上げて、格安で衛星を打ち上げられるようにしたら、たぶん世の中の評価ってまた変わるんですけど。でも、その評価を変えたくてやっているわけではない。こうしたいと思ってやっている。

田原　ロケットを打ち上げたい。それに客を乗せたい。

堀江　と思ってやっているわけだから。自分の評価が変わるのは結果でしかないです。

田原　**堀江貴文の評価を変えたいわけじゃない**んだ。

堀江　そうですね。

田原　つまり名誉欲もない。権力欲もない。金欲もないんだ。

堀江　はい。ただ、**おもしろい人たちとお話をして、おもしろい未来をつくっていきたい**と思っている。**「こんなことができるんだ！」って、みんながびっくりするのを見るのが、僕は好き**なんです。

田原　うん、よくわかる。インターネットの世界で活躍したのも、みんなが「すごいな」って驚く顔が見たかったんだね。「いや、自分は筆で手紙を書く」という人にとっては、もっと便利なツールがありますよって提示する堀江さんはお節介なやつだなと思うだろうけど。堀江さんの話は、一見すると抽象論に見えるんだ。突飛で夢みたいなことを、次から次へと言うからです。だけど堀江さんは、現実にいろいろなことをやってきた。だから絶対、抽象論じゃないんだよね。ここが堀江貴文の他人とは違うところ。

堀江 そうかもしれない。だから、だんだん考えていって、やっぱり世界だなって思う。

田原 何、世界って？

堀江 やっぱり世界を相手にしたい。

田原 ああ、日本じゃなくてね。

堀江 **たった1億2000万人じゃなくて、やはり70億人を相手にしてやりたい。**

田原 それはおもしろい。それはいい。

堀江 **70億の人たちが「うおっ、すげえ」と思うようなことをやりたい**ですよね。「なんて便利なんだ」「なんてすごいんだ」「科学の力ってすごいな」みたいに、みんなが思うようなことをやりたいですね。絶対そのほうが楽しいなと。

堀江
やっぱり世界を相手にしたい。
たった1億2000万人じゃなくて、
70億の人たちが「うおっ、すげえ」と
思うようなことをやりたいですよね。
「なんて便利なんだ」「なんてすごいんだ」
「科学の力ってすごいな」みたいに、
みんなが思うようなことをやりたいですね。
絶対そのほうが楽しいなと。

脱原発なんてできないのだから、他の活路を見出すべきだ

田原　科学のすばらしい力ね。東日本大震災で、原発がきわめて深刻なダメージを受けました。これは、われわれが考えてきた科学、現代の機械文明や情報社会というものに対する強烈な牽制《けんせい》というか、警告だと思う。この点はどうですか？

堀江　僕は、そんなことは思わないですよ。**科学というのは、失敗を繰り返して世の中をよくしていく**ものなんですよね。**チャレンジしてリスクを取ってやらない限り、科学は発展しない**です。「もう自分たちは発展しないんだ」というんだったら、科学を捨てればいいですよ。僕は、そんなつもりは露ほどもない。発展して便利になりたいです。ところが原発って、ずっと「失敗は許されない」という神話ができているじゃないですか。

田原　絶対安全なものだという神話。

堀江　失敗を許しちゃいけないから、逆にいうと進化しないんですよね。原子力発電がかかえる課題というのは、要は**みんなが原子力とか科学に対するちゃんとした知識を持っていない**から……。

田原　細かい説明は飛ばして「絶対安全なものだ」と言い張る。

堀江　というより、**「絶対安全だ」と言わないと、みんな納得してくれない**んですよね。絶対安全なわけがないんだけど。もちろん失敗するし、プラントなんだから事故は起こるし、人災も起こるし、天災にも負ける。そんなことは当たり前ですよ。**その事故のリスクをどこまで容認するかというコンセンサスが取れていないことが問題だった**んだけど。でも、コンセンサスなんか絶対取れないですよ、そんなものは。

田原　だけど日本では「脱原発」だと、70～80％の人が思っている。スイス、ドイツ、イタリアも国として脱原発を決定した。

堀江　でも、**日本で脱原発なんか、現実的にできない**ですよ。

田原　なぜ？

堀江　なぜって、できないからですよ。それは。

田原　できないと、原発はどうする？

堀江　そのまま続けるしかないですよね。だって**原発をなくしちゃったら、電気料金なんかめちゃくちゃ上がっちゃう**し。みんな原発は高コストだと言うけれど、それは、風評被害の補償なんかを含めての高コストですから。放射性廃棄物が出る。それをどう処理するんだみたいな話が、必ず出てくるわけじゃないですか。でも、そんなの、**尖閣諸島に埋めたって、硫黄島に埋めたっていい**んです。だけど埋めない。あるいは、ロシアにカネを払ってシベリアに埋めてもらったっていいんですよ。

田原 うん、僕はそれがいちばんいいと思う。ロシアは酷寒のシベリアを発展させたいんだ。だから世界中の原発の廃棄物を、あそこで引き受ければいい。

堀江 それで名乗りを上げたのがモンゴルですよ。そうしたら「モンゴルに押しつけるのか」みたいなことを言うバカがいるわけです。だってもともと僻地《へきち》なんだし、モンゴルの人たちは定住しないんだから、別にいいじゃん。モンゴルの人たちは遊牧民で、いまでも「ゲル」っていうサーカスのテントを小さくしたような移動式住居で移動生活をしている。だから、この地域には入らないでねと言って、そこに作ればいいじゃないですかね。地震もないし、おカネを払ってモンゴルの人たちも豊かになるんだから。

原発を続けて、技術革新をすればいい

田原 ただ、原発に「夢」がなくなっちゃった。かつては原発は、プルサーマル、高速増

殖炉のもんじゅ、青森県六ヶ所村の核燃料処理施設でリサイクルと、いろいろやっていたんだけど、全部アウトになっちゃった。

堀江　いや、**アウトじゃないですよ**。できますよ。失敗を繰り返せば。

田原　もんじゅなんて動くかな？

堀江　もんじゅが動くかどうかは僕にはわからないですけど、**あれをまた教訓にして、もっといい炉を設計して造ればいいんです**。もう造れないと思いますけど、本当は失敗を教訓にして造ればいいんですよ。だけど、それを許さないじゃないですか。

田原　国民がね。

堀江　国民の全員が許さないわけじゃないと思いますけど、一部の人たちが許さない。それは宗教的に「反原発教」の人は、絶対に許さないわけですよ。でもそれは、ちょっと狂信的すぎると、やっぱり僕は思う。

田原　してやったりという感じで「言わんこっちゃない。原発は危険だ」と言っている連中を、僕はインチキだと思っている。この人たちは反省すべきだ。原発反対なら、何で原発を阻止できなかったのか。テロでも何でもいいから、阻止しなさいよ。それを阻止できず何もやってこなかった連中が、いま「ざまあみろ」と言っているのはおかしいと思う。

まるで事故を期待していたような感じでしょう。これは間違いだと思うね。

堀江 間違いだと思いますよ。

田原 だから、いまこそ堀江さんに言ってほしい。原発をどうすればいいですか？

堀江 **原発は、僕は続けていくしかない**と思います。**技術革新を続けていくしかない。**

田原 その技術革新は、夢がなかったら技術革新にならない。

堀江 **夢、ありますよ。だってどんどん発展しているじゃないですか？**

田原 してないじゃないか。

堀江 世界的には発展していますよ。日本だけ発展してないんです。

田原 僕はね、やっぱりバカな男だから、もんじゅにかなり期待したんだよね。

堀江 もんじゅは、僕はいいチャレンジだと思いますよ。もんじゅ2でも、もんじゅ3でも、造ればいいと思いますよ。

田原 堀江さんが造ってよ。

堀江 いやあ、僕、そんなのやりたくないですよ。面倒くさいもん、だって、すごく面倒くさそうだもん。

原子力の技術はロケット開発には欠かせない

田原　ロケットだって、面倒くさいじゃないか。

堀江　**ロケットは遠くに行ける**というのが、あるじゃないですか。もんじゅは、あんまりなんか……。僕、もんじゅはいいや（笑）。でも**原子力は、僕は地球外でやりたい**です。宇宙なら文句を言うやつはいないから。それは考えていますよ。

原子力技術というのは宇宙船にとってすごく大事なんです。「比推力《ひすいりょく》」といって、ロケットエンジンの効率を測る尺度があるんです。これは、一定の重量の推進剤を使って一定の推力を発生させ続けることができる秒数で表します。化学反応を利用したロケットで最大の比推力というのは460秒。ところが原子力ロケットだと1000秒くらいの比推力が出るんですよ。だから**原子力ロケットエンジンはすごく効率がいい**んです。地上の打ち上げからはたぶん使えないですけど、**宇宙空間を推進するロケットとしては、理想的**なんです。

原子力以外にも、反物質推進とか核融合推進とかあるんですけど、そういうのはまだ技術が確立していないから時間がかかるだろう。でも**原子力推進ならば、たとえば木星に行って帰ってくるくらいだったら2〜3年でできる**ようになったりするわけです。

原子力ロケットは、ウランリッチな小惑星を目指す

田原　じゃあ原子力ロケットで、どこに行くの？

堀江　僕らは、**小惑星帯にウランでできた小惑星がある**んじゃないかと思っているんです。小惑星は、原始惑星がバラバラになってできたものだから、重力によって濃縮が行われているに違いない。地球内部の中心にある核って、鉄とニッケルが溶けた塊《かたまり》でしょう。その最深部にはウランがあると考えられているんですね。重い物はどんどん地球の中心に沈み込んでいくから。

田原　ウランは重い元素だからね。

堀江　そうそう。原始地球というのはドロドロの塊で、重力でどんどん中心部に重い元素が集まっていくわけです。だから、おそらく地球の中心部にはウランがたまっていて、そこで核分裂を起こしていると考えられているんですね。そうじゃないと、地熱というか、

マントル対流なんて、説明できないんですよ。

田原　地球の中心でウランが核分裂しているから熱が出て、その熱でマントルがゆっくり対流を起こし、地殻をつくるプレートも動き、大陸も移動する。その結果、海溝ができるし、ヒマラヤ山脈もできる。巨大地震も起こると。

堀江　だから、ドロドロに溶けているんじゃないかという仮説ですよね。誰も証明できていないんだけども、たぶんそうだろうと思われている。で、**地球の中心にウランがあるならば、ウランだけの星っていうのもたぶんある**と思うんですよ。たとえば地球に6700万年くらい前に衝突して恐竜を絶滅させたと言われている隕石があるでしょう。ユカタン半島の沖にぶつかったんですけど、あれはイリジウムリッチな小惑星だったんです。全地球表面に広がっているイリジウム層というのがあって、それがイリジウムを多く含んだ隕石がぶつかった証拠だと言われている。つまり、**イリジウムリッチな小惑星があった。ということはウランリッチな小惑星もあるはずだろう。**

田原　そのウラン小惑星を目指すの、堀江さんは?

堀江　ウランはずっと核分裂をしているので、アルファ線を出しているわけです。その**アルファ線を検出するアルファ線探査衛星を造って、僕らのロケットで打ち上げて、小惑星**

を目指す。地球上は大気があるので、小惑星が出す微弱なアルファ線は観測できないんですけど、宇宙空間だったら観測できるので。いろいろな小惑星をターゲットにしてロケットを飛ばし、ウランリッチな小惑星を見つける。**見つけたら探査機と原子力プラントみたいなものを送り込んで、ウラン鉱石から燃料を作る。その燃料を充填《じゅうてん》して、小惑星からまた遠くに行く、**というようなことを考えています。

福島第一原発を、日本初の宇宙基地にしよう

田原　なるほど、それはおもしろい。

堀江　夢があるでしょう。**原子力技術は、そういうふうに考えると夢があるん**ですよ。だから僕は、**福島第一原発は宇宙基地にすればいいん**じゃないかと思います。

田原　あ、それはもっとおもしろい。第一原発を廃炉にしてね。

堀江　第一原発はもう廃炉にして。当然、立ち入り禁止区域になるわけじゃないですか。でも、**あの地域一帯は、宇宙ロケットの発射場としては非常に有望なんです**よ。

なぜかというと、周辺に誰もいませんからね。だから打ち上げの騒音とか、万一のとき

爆発する危険性なんて関係ない。やってないんだから農業にも支障はないし、高濃度の汚染水をどんどん流しているから漁業もやっておらず、支障はない。騒音補償も農業・漁業補償もする必要がなく、365日いつでも打ち上げられますよ。しかも原子力発電所って、だいたい飛行機の航路にならないような場所に設置されているんですよね。だからロケットが航空路を遮《さえぎ》ったりもしない。飛行機の邪魔になりません。

田原　ああ、そうか。じゃあ、ロケット打ち上げられるわ。

堀江　そうなんですよ。飛行禁止区域になっているはずなので。だから、ロケットの射場としては最適なんですよ。**僕らは多少の放射線は浴びてもかまわないから、福島でロケットを打ち上げられるんだったら、もう喜んで行きますよ**。土地を格安で払い下げていただければ、そこに射場を造って、福島第一を日本初の宇宙港にする。そうすると風評被害も収まると思うんです。福島第一は日本初の宇宙港という話になると、原発のイメージが薄まるでしょう。

田原　それ、政府がその気になったら、どれくらいで実現できるかな？

堀江　もう2～3年でできますよ。

田原　いまある原発1～3号機はどうするんですか？　あの格納容器の中に入っているメ

ルトダウンした核燃料は。

堀江　あれは、そのまま冷却されていくんじゃないですか。福島第一宇宙港とか福島ロケット発射場といっても、さすがに僕だって、あんまり近くはイヤですよ（笑）。福島第一原発の敷地からはちょっと離れたところに建設する。

田原　緯度とかは関係ないの？　ロケットは、緯度が高いほうがいいとか低いほうがいいとか、打ち上げの効率がどうこう言うでしょ。

堀江　**発射場は赤道に近いほうがいいというのは、静止衛星ですね**。静止衛星というのは赤道上空3万6000キロにあって、地球の自転に合わせて回っているから、見かけは静止している。これは赤道付近から打ち上げるのが、いちばん効率がいいんですけど、ほかの衛星はあまり関係ないですね。赤道面に対する角度を「軌道傾斜角」と言うんですが、これを0度にしなければ静止衛星にならないんですけど、そのためにある程度の推進力が必要なんです。

だけど、静止衛星ではなく、**たとえば宇宙観光船であれば、軌道傾斜角がある程度あったほうがいい**んです。軌道傾斜角がたとえば30度とかだと、地球を回るときに、北半球の都市が集積している地域の上空を何回かに1回は必ず通ります。そうすると夜景がすごくきれいに見えるんですよ。

田原さん、10年後に宇宙観光船に乗ってください！

田原　堀江さんは宇宙観光船を造りたいと思っているわけ？

堀江　**宇宙観光船もやりたいですし、気象観測衛星とか、いろいろな用途に使えるインフラを、僕らは造りたい**んです。

田原　その宇宙観光船って、いつごろできるの？

堀江　わからないですけど、何年かのうちの予定ですけどね。10年以内には飛ばしたいですね。

田原　じゃあ僕、その観光船に乗るわ。必ず乗せてよ。いくら？

堀江　もちろん乗ってください。価格は、まだわからないですよ。

田原　だいたいでいい。1000万円？　2000万円？

堀江　1000万や2000万じゃ、ちょっときついかもしれないです。もうちょっとください。

田原　数千万円か。10年後に僕、そんなカネあるかな。

堀江　そのくらいにはしたいですよ。観光船は、北緯30度とかを回ったほうが夜景がめちゃくちゃきれい。赤道上空なんか何もないですからね。シンガポールくらいしか都市がないから、つまらないと思うんですよ。

田原　宇宙観光船で飛んで、どれくらい回るの？　何日くらい？

堀江　それはコースによりますよね。宇宙ホテルみたいなものができあがっていたら、そこにしばらく滞在もできますよね。

田原　おもしろいなあ。僕、絶対それまで生きたいね。

堀江　すごいきれいらしいですよ。あと、地球観測衛星というのは「極軌道」といって北極と南極の間をグルグル回る。地球が自転している方向と垂直に回るから、1日くらいたつと地球上を全部観測でき、写真が撮れたりするっていう話なんです。そういうロケットは、日本であれば南に向かって発射しますが、どこから発射してもあまり変わらない。

でも**射場の重要な条件は、東方向が開けていること**なんです。だから福島は世界最高の打ち上げ環境なんです。ロシアなんか苦労して、いま極東のウラジオストク郊外に新しい宇宙基地を造っていますね。北朝鮮なんて打ち上げるたびに日本から文句を言われるから

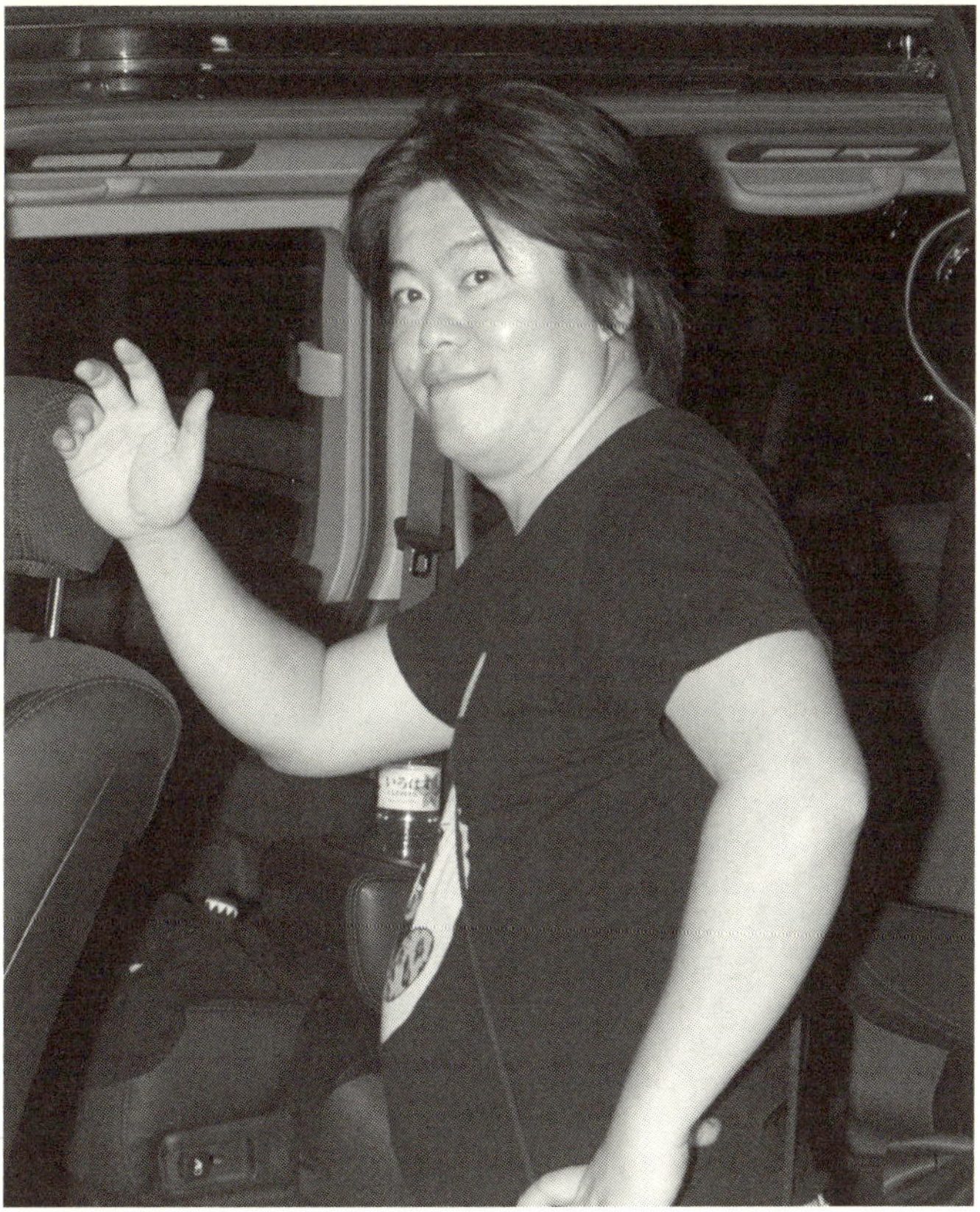

田原　堀江さんは宇宙観光船を造りたいと思っているわけ？
堀江　宇宙観光船もやりたいですし、気象観測衛星とか、いろいろな用途に使えるインフラを造りたいんです。10年以内には飛ばしたいですね。
田原　じゃあ僕、その観光船に乗るわ。必ず乗せてよ。
堀江　もちろん乗ってください。

大変なんです。

田原　何で東方向が重要なの？

堀江　**地球が自転している方向に打つ**んですよ。すると**推進力が少なくて済む**んです。逆に向かって打つと大変なんですよね。

第7章

僕はノマドになりたい

収監までは、普段どおりの生活を心がける

田原　さて、堀江さんが収監《しゅうかん》される日が目前に迫ってきた。この本は、娑婆にいる堀江さんの最後の肉声を伝える本になる、と思う。

堀江　田原さんとずっとお話をさせていただいて、よかったなと思いますよ。

田原　そう言っていただけると嬉しい。ありがとうございます。

堀江　やりたくない人とはやりたくないので。タイミングも、もちろんあったと思うんですけど、僕にもやりたい人とやりたくない人がいるんです。最初から頭ごなしの人とか、話してもわからない人と対談しても、しょうがないじゃないですか。田原さんは裁判や検察の問題も含めてすごく造詣《ぞうけい》が深いというか、とても話しやすいと思っています。

田原　堀江さん、収監される日までに、やっておきたいことは?

堀江　**そういうふうに思うと、すべてが惜しくなっちゃうので、普段どおりの生活を心がけています。**

田原　こんな好物を食っておこうとか、あの店に行っておこうというのはない?

堀江　まったくないですね。だって、そんなことをしたってどうせ食えなくなるから、かえって寂しいじゃないですか。

田原　あの風景は見納めだとか、あの場所に行っておこうとか、あまりないですか？

堀江　ないです。まあ一応、人に会っておこうというのはありますね。お世話になった人に挨拶をしておこうっていうくらいですかね。なもんで、もう送別会疲れみたいな感じですよ。

田原　とくにこんなことをしようというスケジュールは、持っていない？

堀江　持ってないですね。

田原　それが、やっぱり日本人じゃないんだわ。

堀江　そうですか（笑）。

田原　普通はやっぱり細かいスケジュールを作るんだ。作らないかな？

堀江　作ってないですね。もちろんやるべきことはあって、しとかなきゃいけない準備はあるんです。たとえば民事裁判の弁護士と書類の受け渡しの段取りをつけて、月1回面会に来てもらうとか。中で読む本をアマゾンであらかじめ買っておくとか。

刑務作業があるから、自由時間は4時間しかない

田原　以前僕が責任編集長をしている『オフレコ!』という雑誌で佐藤優さんと鼎談《ていだん》をした。彼はやたらに本を読んだと言っていた。堀江さんは本を読む習慣があまりないもんだから、あまり読まなかったと言っていませんでした?

堀江　拘置所では読んだんですよ。確かに本を読む習慣があまりなかったので、まず小説を読んでみたいと思って、山崎豊子さん、高杉良さん、三浦綾子さん、渡辺淳一さんなどの小説を中心に読んだんです。『沈まぬ太陽』とか200冊くらい読んだんですけど。

田原　拘置所には何日いたの?

堀江　94日です。

田原　アマゾンで何冊くらい買ったの?

堀江　いや、もともと献本されてきたやつとか、読もうと思って買っていた本とかが、100冊以上あるので。

田原　でも、2年以上だから100冊じゃ全然、足りないね。どれくらい本を読むつもり

ですか？

堀江　うーん、わからないですね。最初はちょっと漫画が主体になりそうな感じ。

田原　今度はこの人のを読もうと、決めた本はありますか？

堀江　思っていたんですけど、拘置所時代は１日３冊しか入荷できなかったんですけど、刑務所はなんか無制限に入荷できるらしくて。最初は漫画が主体になるのかな。まわりの人たちが読むべき漫画リストを作ってくれたので、うちのマネジャーがアマゾンで買って送ってくれます。

田原　漫画は制限がないのかな。この漫画はよくないだろうって止められるようなことはないですか？

堀江　だいたい大丈夫らしいですね。法律が監獄法から受刑者処遇法（「刑事収容施設及び被収容者等の処遇に関する法律」略称）に変わって、かなり自由になっています。

田原　本を読む時間は、十分あるのかな？

堀江　よく考えてみたら**懲役刑なので、拘置所と違って刑務作業がある。平日は１日７時間の作業がありますから、自由時間がマックスで４時間くらいしかない**らしいんです。休日は８時間か９時間くらい自由みたいですけど。

田原　その作業は、給料くれるわけ？

堀江　作業報奨金というのをくれます。課税されないんです。課税されるような額じゃないですけど。

田原　そうすると、あんまり本を読む時間もないか。

堀江　だから、まあ読めて何百冊ですね。それ以外にメールマガジンの原稿を書いたり、仕事の手紙を書いたりということを考えると何百冊か、何百冊の前半かもしれない。

刑務所では高校以来！　の手書きでメルマガを書くことにした

田原　メルマガは続けるんですね。

堀江　続けます。

田原　パソコンは持って入れないから、手で書かなきゃいけない。

堀江　手書きです。大変です。

田原　週1回のメルマガは、枚数にするとどれくらいやっているんですか？

堀江　よくわからないですね。この間メルマガの字数を編集者が数えたら、8万字あったって言ってました。

田原　8万字って400字200枚だから、薄い新書1冊分くらいか。すごいな。でも、今まで手で書いたことないでしょ？

堀江　**高校以来、書いてない**です。高校生の頃も半分パソコンでやっていましたから。

田原　なかなか漢字が出てこないね。

堀江　出てこないですね。辞書を持ち込まないといけません。辞書も紙の辞書です。「へぇー、紙の辞書なんてあったんだ」みたいな感じですよ。

田原　電子書籍も当然ダメなんだ。

堀江　いまはグーグルが辞書代わりじゃないですか。

田原　本を読んだり手紙を書く以外は、何をするんですか？

堀江　何をするんですかって、**刑務作業**。

拘置所の場合は労働がないし、夜中に本を読んでいても怒られない。24時間読もうと思ったら読める。拘置所は一応自由なんですよね。房内であれば何をやっていてもよくて、腕立て伏せをやっていてもいい。

田原　今度はそうはいかない？

堀江　刑務所は、運動時間以外に腕立て伏せをやっていたら懲罰です。労働時間以外は本を読んだり、手紙を書いたりするしかない。テレビは見ることができるみたいです。

2年半後は「ノマド」になる

田原　すると結局、堀江さんとしては、要するに淡々と、「まあ、しょうがないから行ってくる」というわけですね。

堀江　行ってくるし。

田原　堀江さんが刑務所に入っている2年何カ月で、世の中がそうそう大きく変わるわけでもないし、宇宙ロケットもやる。

堀江　やるし。

田原　メルマガや書くことも続ける。あんまり変わんないぞって思っている。

堀江　ただ、中で暇だなっていうのはありますね。どうやって暇つぶしをしようかな、と。

田原　まあ、中休みとしてはいいじゃない。

堀江　いやぁ、つらいですよ、暇なのも。

田原　もちろんつらいと思うけど、中休み程度に思ったほうがいいですよ。
堀江　そうですね。だから、とにかく**ネガティブなことだけは考えないようにしよう**と。**後悔とかしたら、もう終わりです**から。
田原　それは終わりですよ。そんなことは考えない、考えない。
堀江　後悔すると、中にいるのはつらいですからね。
田原　2年半後、出てきたら何がやりたいかは聞いたけど、生き方とか考え方なんかは、変わっていないかな？
堀江　**帰ってきたら、もう「ノマド」になろう**と思っていますね。
田原　え？　何になるって？
堀江　ノマド。英語で**「遊牧民」**や**「さすらい人」**って意味ですよ。今まで僕は何で定住してきたんだろう、定住する意味はないなとか思っちゃって。**もう定住しない**つもりです。
田原　ハイパーメディアクリエイターの高城剛という人が、ノマドなんでしょ。無定住民みたいな。
堀江　ほら、これだ。ノマドと言ったら、必ず高城剛さんか中田英寿さんかって言われるんで、すごく嫌なんですよ。

田原　ごめんごめん、そんなつもりじゃなかった（笑）。そのノマドは、堀江さんが若いときから考えていた生き方なんですか？　それが裁判や収監という話になってきて、ますます高《こう》じてきたんですか？

堀江　自分の中で**「自由に生きたい」というのは、ずっと前からある**んですよ。縛られたくない、みたいなものは。けれども自分の中でやっぱり思い込みがあったりして、**どこかで定住しなきゃいけないんじゃないかとか、物を捨てられなかったりとかした**んです。

でも、だんだん物も捨てられるようになった。会社も上場企業をやっていたから、株主のためにずっと続けなきゃなと思っていたけど、だんだん「何で俺、同じ所に住んでいるんだろう」とか「何でこんなに物を持っているんだろう」とか、いろいろ考えるようになった。

田原　だんだんにね。ちょっと無常観、諸行無常というのに近いんじゃないの。

堀江　さあ、それはわからないけど、**だんだん、いろんな物をいらないんじゃないかと思い始めた、**というのがあります。**だから、ますます自由に生きたいというふうになったん**ですけど、そこで「家って何なんだ」と思った。**僕らは畑を耕《たがや》しているわけでもないのに、何で定住しているんだろうな**というのが、最近のいちばんの疑問ですね。定住する必要なんてないじゃないかと。

世界は広いんだよ。日本は閉塞感があるけど、世界は全然そうじゃないんだよ

田原　じゃあ、これからますます自由に生きる。これから2年半は仕方がない。定住というか、どこか一つの刑務所に住み続けなきゃいけない。それはしょうがないけど、それを最後にノマド生活に入るということですか？

堀江　はい。

田原　ノマドでロケットも続けるんだ。まあ、そもそも宇宙ロケットというのが、ノマドの究極の乗り物なのかもしれない。

堀江　ロケットで北海道に1カ月滞在したりとか、2カ月に1回くらいは北海道に行きますし、沖縄でゴルフとかするし、タイにも遊びとかに行くし。いろんなところをぐるぐるぐる転々としますよ。いろいろ考えたんですけど、何で決まったところに住んでいるんだろうなって、僕は最近すごく思うようになっちゃったんです。

田原　これが最後の質問です。刑務所に入る前に最後に、読者あるいは日本人に言い残しておきたいことを教えてください。

堀江　**世界という広い視野で日本を考えてほしい、**ということです。狭い日本村で考えているとよくない。視野が狭くなると、よくないですよね。たとえば小学校とか中学校とかでいじめを受けた人って、これが自分のすべての世界だと思って、自殺しちゃったりするじゃないですか。そうじゃなくて、**世界は広いんだよ、**と。**日本ってすごい閉塞感があるけど、世界は全然そうではないんだよ**というようなことを、みんなに考えてほしいなと思っています。

田原　よくわかりました。身体に気をつけて頑張ってください。帰ってきたら、食事でもしましょう。

堀江　はい、行ってきます。

田原総一朗責任編集

ホリエモンの最後の言葉

発行日 2011年8月4日　第1版第1刷

著者　堀江貴文
責任編集　田原総一朗
構成　坂本 衛
装幀　阿形竜平＋菊池 崇
撮影　塔下智士
編集協力　正木誠一
編集　高橋克佳／小林英史
発行人　高橋克佳
発行所　株式会社アスコム
〒105-0002　東京都港区愛宕1-1-11　虎ノ門八東ビル7F
編集部　TEL：03-5425-6627
営業部　TEL：03-5425-6626　FAX：03-5425-6770
印刷　中央精版印刷株式会社

Printed in Japan ISBN978-4-7762-0680-4